KB101889

미움받을 용기 2

SHIAWASE NI NARU YUKI
by Ichiro Kishimi, Fumitake Koga

미움받을 용기 2

사랑과
진정한
자립에 대한
아들러의
가르침

幸せになる勇気

기시미 이치로·고가 후미타케 지음 | 전경아 옮김

INFLUENTIAL
인플루엔셜

| 한국 독자들에게 |

아들러의 사상은 아주 단순합니다. 그렇기에 오해도 많이 받고 생각만큼 실천하기도 어렵습니다.

《미움받을 용기 2》는 《미움받을 용기》로부터 3년 후 상황을 다루고 있습니다. 3년 전 아들러의 사상에 감화되어 부푼 마음으로 아들러의 생활양식을 실천하려고 돌아갔던 청년이 다시 철학자를 찾아옵니다.

"당신의 말은 모두 거짓말이다. 아들러의 사상은 현실 사회에서는 적용하기 어려운, 그저 이상론에 불과하다."

청년은 화까지 나 있습니다. 어쩌면 지금 여러분도 같은 의문을 느끼고 있을지 모릅니다. "아들러의 사상은 이해할 수 있지만 실천할 수는 없다"라고요. 이 책은 이러한 의문에 답하기 위해 집필되었습니다. 다시 시작된 철학자와 청년의 대화가 여러분이 품었던 의문을 해소하고 인생을 바꾸는 데 조금이나마 도움이 되기를 간절히 바랍니다.

《미움받을 용기》 한국어판이 출간된 이후, 기시미 선생님과 함께 한국을 몇 번 방문했습니다. 한국의 독자 여러분을 만날 때마다 우리의 책을 정확하고 깊이 있게 이해하고 있는 것에 매우 놀랐습니다. 이는 한국의 수준 높은 출판문화와 번역문화를 보여주는 일이라고 생각합니다. 번역해주신 전경아 선생님과 전작을 감수해주신 김정운 교수님께 이 자리를 빌려 감사 인사를 드립니다. 그리고 한국의 독자 여러분께도 진심으로 감사드립니다.

고가 후미타케

일본에서도 무명이나 다름없는 알프레드 아들러의 사상을 소개한《미움받을 용기》가 한국에서도 출간된 이후 순식간에 베스트셀러가 되었다는 소식을 접하고 크게 놀랐습니다. 일본은 물론 한국에서도 이렇게 많은 사람이 읽고 호평을 보내는 것은, 아들러의 사상이 국가와 문화의 차이를 넘어서 보편적인 정서를 담고 있음을 보여주는 증거라고 생각합니다.

한국을 방문할 때마다《미움받을 용기》에 보여주신 독자 여러분의 강한 '열정'에 매우 놀랐습니다. 독자 분들을 만나는 자리에서 핵심을 꿰뚫은 날카로운 질문을 받으면 감탄하는 동시에, 고가 씨가 말한 것처럼 여러분이 우리 책을 얼마나 정확하고 깊이 있게 이해하고 있는지 새삼 느낍니다.

저는 청년 시절부터 여러 외국어를 배울 기회가 있었는데, 한국어를 배울 기회는 없었습니다. 처음《미움받을 용기》한국어판을 받았을 때, 어떻게 해서든 한국어로 읽고 싶었습니다. 그래서 한국어 공부를 시작했습니다. 아직은 부족한 한국어 실력이지만, 언젠가는 제대로 한국어판을 자유자재로 읽고 싶습니다. 이를 목표로 삼고, 현재 열심히 노력하고 있습니다.

《미움받을 용기 2》는 "아들러 심리학을 이해할 뿐 아니라 실천할 수 있을까?"라는 질문에서 시작되어 '행복해질 용기'를 갖도록 집필되었습니다. 전작과는 다른 발상에서 시작된《미움받을 용기 2》도 한국 독자 분들의 사랑을 받게 되면 좋겠습니다. 여러분의 삶을 되돌아보고 인생의 과제에 용기 있게 대응할 수 있는 계기를 마련해준다면 저자로서 그 이상 기쁜 일은 없을 겁니다.

기시미 이치로

원래라면 훨씬 밝고 우호적인 방문이 될 터였다. "다음번에는 논박이니 뭐니 하지 않고 둘도 없는 벗의 한 사람으로 찾아뵙겠습니다." 그때 청년은 분명 이렇게 말하고 돌아갔다. 하지만 3년이라는 시간이 흐른 지금, 그는 완전히 다른 목적으로 이 남자의 서재를 방문했다. 청년은 앞으로 자신이 털어놓을 사안의 중대함에 몸을 떨며 어디서부터 말해야 할지 아직 짐작조차 할 수 없었다.

철학자 자, 어디 한번 들어볼까?

청 년 알았습니다. 제가 왜 이 서재를 다시 방문했는지 말씀드리죠. 안타깝게도 선생님과 느긋하게 옛 우정을 다지려고 온 것은 아닙니다. 선생님도 바쁘시겠지만, 저도 한가한 처지는 아니거든요. 당연히 긴급한 용건이 있어서 다시 찾아온 겁니다.

철학자 물론 그렇겠지.

청 년 저도 생각해봤습니다. 지나칠 정도로 고민하고 또 고민했습니다. 그런 후에 중대한 결심을 하고 그 뜻을 전하기 위해 왔습니다. 바쁘시겠지만 오늘 밤만은 저를 위해 시간을 내주십시오. 아마도 이번이 마지막 방문이 될 테니까요.

철학자 무슨 일 있었나?

청 년 ……모르시겠습니까? 제가 지금까지 '아들러를 버리느냐, 마느냐'로 얼마나 고민해왔는지를.

철학자 오호.

청 년 결론부터 말씀드리자면, 아들러의 사상은 엉터리입니다. 완전히 속임수예요. 아니, 그뿐 아니라 인간에게 해를 끼치는 위험한 사상입니다. 선생님이 마음대로 신봉하는 건 자유지만, 가능하면 아무 말 마셨으면 합니다. 그런 마음으로 그리고 어디까지나 선생님이 보는 앞에서 아들러를 포기하려고, 오늘 밤 마지막으로 이곳에 오기로 결심한 겁니다.

철학자 뭔가 계기가 된 사건이 있었나 보군?

청 년 냉정하게, 하나도 빠짐없이 말씀드리겠습니다. 먼저 3년 전, 제가 선생님과 헤어진 마지막 날을 기억하십니까?

철학자 물론이지. 하얀 눈이 수북이 내린 겨울날이었지.

청 년 맞습니다. 보름달이 아름다운 푸른 밤이었죠. 아들러의 사상에 감화된 저는 그날을 기점으로 위대한 첫발을 내디뎠습니다. 다시 말해, 그때까지 일하던 대학 도서관을 그만두고 제가 나온 중학교에 교사로 들어갔습니다. 아들러의 사상을 근간으로 한 교육을 실천하고, 한 아이에게라도 더 빛을 주려고 말입니다.

철학자 훌륭한 결심이 아닌가.

청 년 네. 그때의 저는 이상에 불타올랐습니다. 이렇게 훌륭한 사상을 나 혼자만 간직해서는 안 된다. 더 많은 사람에게 알려야 한다. 그러면 누구에게 전해야 할까. ……결론은 하나더군요. 아들러를 알아야 할 사람은 이미 때가 묻은 어른들이 아니다. 앞으로 이 세상을 만들어나갈 아이들이다. 아이들이 알아야 그의 사상을 더 널리 알릴 수 있다. 이것이 내게 주어진 사명이다. ……아주 화상을 입을 정도였습니다.

철학자 그랬겠군. 근데 과거형으로 말하는군?

청 년 말씀대로 이제는 완전히 과거의 이야기입니다. 아니, 오해는 하지 마세요. 학생들에게 실망한 것은 아니니까요. 교육 자체에 실망한 것도 아닙니다. 저는 그저 아들러에게 실망하고, 결국에는 선생님께 실망했습니다.

철학자 어째서?

청 년 하, 선생님 가슴에 손을 얹고 물어보세요! 아들러의 사상은 현실 사회에서는 아무런 도움이 되지 않는 탁상공론에 불과합니다! 특히 '칭찬해서는 안 된다, 야단쳐서도 안 된다'라는 교육방침이 그래요. 미리 말해두지만, 저는 성실히 이행했습니다. 칭찬도 하지 않고, 야단도 치지 않았다고요. 시험에서 만점을 받아도, 깨끗하게 청소를 해도 칭찬하지 않았습니다. 숙제를 하지 않아도, 수업 중에 떠들어도 야단치지 않았고요. 그 결과, 어떻게 된 줄 아십니까?

철학자 ……교실 분위기가 걷잡을 수 없이 되었겠군?

청 년 맞아요. 뭐, 지금 생각하면 당연한 결과지요. 싸구려 속임수에 넘어간 제가 바보였습니다.

철학자 그래서 자네는 어떻게 했지?

청 년 말할 것도 없습니다. 나쁜 짓을 한 학생에게는 호되게 야단치는 길을 택했으니까요. 물론 선생님은 그걸 싼값에 구한 어리석은 해결책이라고 생각하시겠지요. 그런데 말이죠, 저는 철학에 눈이 멀어 이상의 세계를 사는 인간이 아닙니다. 현실을 살며, 현장에서 학생들의 생명과 인생을 책임져야 할 교육자라고요. 게다가 눈앞에 있는 '현실'은 한시도 기다려주지 않고 시시각각 변하고 있어요! 팔짱을 낀 채 가만히 보고 있을 수만은 없다고요!

철학자 효과는 있었나?

청 년 물론 뒤늦게 야단쳐봤자 소용없지요. 이미 저를 '만만한 인간'으로 얕잡아보고 있으니까요. ……솔직히 말씀드려, 체벌이 허용되던 시대의 교사들을 부러워한 적도 있습니다.

철학자 어지간히 힘든 모양이군.

청 년 오해하지 않게 미리 말씀드리면요, 저는 격한 감정에 휘둘려 '화가 난 것'이 아닙니다. 이성에 기초해, 교육의 최종 수단으로 '야단을 친 것'뿐이에요. 말하자면 질책이라는 항생제를 처방한 것이지요.

철학자 그래서 아들러를 포기하고 싶다고?

청 년 뭐, 이건 알기 쉬운 예에 불과합니다. 분명 아들러의 사상은 훌륭합니다. 가치관을 뒤흔들고, 어두웠던 하늘이 열리고, 인생이 달라진 것 같은 기분이 들지요. 흠잡을 데가 없는 세계의 진리인 듯한. ……하지만 말이죠, 그 이론이 통하는 것도 '이 서재'에서만이에요! 서재의 문을 열고 현실 세계로 뛰쳐나가면 아들러의 사상은 얼마나 순진한지 몰라요. 길거리에서도 통용되는 실용적 이론이 아니라 공허한 이상론에 지나지 않는다고요. 선생님은 이 서재에 틀어박혀서 자신에게 유리한 세계를 짓고 공상에 빠져 있느라 우주 만물이 사는 세계를 조금도 알지 못해요!

철학자 그렇군. ……그래서?

청 년 칭찬도 하지 않고 야단도 치지 않는 교육. 자주성이라는 이름 아래 학생들을 방치하는 교육. 그런 것은 교육자로서의 직무를 유기하는 것과 다름없습니다! 저는 앞으로 아들러와는 다른 방식으로 아이들을 대할 겁니다. 그것이 옳은지 아닌지는 아무래도 좋아요. 하지만 그럴 수밖에 없습니다. 칭찬도 하고 야단도 칠 겁니다. 당연히 엄한 벌도 내려야겠지요.

철학자 확인해두는데, 교사 일을 그만두지 않겠다는 거지?

청 년 물론입니다. 제가 교육자의 길을 버리는 일은 절대로 없습니다. 제가 스스로 선택한 길이고, 직업이 아니라 '삶의 방식' 이니까요.

철학자 그 말을 들으니 안심이로군.

청 년 남의 일처럼 말씀하시네요! 교육자로 남기 위해 어쩌면 저는 이 자리에서 아들러를 버리지 않으면 안 됩니다! 그렇지 않으면 교육자로서의 책임을 내던지고 학생들을 저버리게 된다고요. ……자, 저는 지금 선생님의 목에 칼을 겨누었습니다. 어떻게 대답하실 건가요?

철학자 먼저 정정해주길 바라네. 조금 전에 자네는 '진리' 라고 했네. 하지만 나는 아들러를 절대 불변의 진리라고 한 적이 없어. 비유하자면 안경렌즈를 처방한 것과도 같지. 그 렌즈를 끼고 시야가 트인 사람도 많겠지만, 반대로 눈이 침침해진 사람도 있을 거야. 그런 사람에게까지 나는 아들러의 렌즈를 강요할 생각은 없네.

청 년 어, 도망치시는 겁니까?

철학자 아닐세. 이렇게 대답하지. 아들러의 사상만큼 오해하기 쉽고 이해하기 힘든 학문은 없다고. "나는 아들러를 알고 있다"라고 말하는 사람 중에 반 이상은 그 이론을 오해하고 있다네. 진정한 의미를 이해하려는 용기도 내지 않고, 사상의 저편에 펼쳐진 경치를 직시하려고도 하지 않지.

청 년 사람들이 아들러를 오해하고 있다?

철학자 그래. 만약 아들러의 사상을 접하고 당장 감격해서 "사는 게 편해졌다"라고 말하는 사람이 있다면, 그 사람은 아들러를 크게 오해하는 걸세. 아들러가 우리에게 요구하는 것이 무엇인지 그 실제 내용을 알게 된다면 그 어려움에 몸이 움찔할 테니까.

청 년 즉 저도 아들러를 오해하고 있다는 말씀이군요?

철학자 지금까지 들은 이야기에 의하면 그렇네. 하지만 자네에게만 해당되는 문제는 아닐세. 많은 아들리언(아들러 심리학의 실천자)이 오해라는 입구를 통해 이해의 계단을 오른다네. 필시 자네는 아직도 올라야 할 계단을 찾지 못했을 거야. 젊은 시절의 나도 쉽게 찾지는 못했네.

청 년 허, 선생님도 방황하던 시기가 있었다고요?

철학자 그래, 있었지.

청 년 그러면 가르쳐주세요. 그 이해에 이르는 계단인지는 어디에 있는 건가요? 그 전에, 대체 그 계단이란 게 뭡니까? 선생님은 어디에서 찾으신 거죠?

철학자 나는 운이 좋았지. 아들러를 알게 되었을 때, 마침 집안일을 하면서 어린 자식들을 키우고 있었으니까.

청 년 무슨 말씀입니까?

철학자 아이들을 키우며 아들러를 배우고, 아이들과 함께 아들러를 실천하면서 깊이 이해하고 확증을 얻었단 말일세.

청 년 그러니까, 무엇을 배우고 어떤 확증을 얻었는지를 묻는 겁니다!

철학자 한마디로 말하자면 '사랑'일세.

청 년 뭐라고요?

철학자 ……다시 말할 필요가 있나?

청 년 하하, 이거 재밌네요! 하고 많은 것 중에 사랑이라고요? 진정한 아들러를 알고 싶다면 사랑을 알라?

철학자 이 말을 듣고 웃는 자네는 아직 사랑을 이해하지 못했군. 아들러가 말하는 사랑만큼 하기가 힘들고 용기가 필요한 과제는 없네.

청 년 쳇, 어차피 설교조로 이웃 사랑을 설파하시겠죠. 듣고 싶지도 않습니다!

철학자 자네는 지금 궁지에 몰려서 아들러에 대한 불신감을 나타내고 있네. 뿐만 아니라 아들러를 버리겠다, 내게 두 번 다시 말하지 마라, 하며 억지를 부리고 있지. 왜 그렇게 화가 난 겐가? 필시 자네는 아들러의 사상을 마법처럼 느꼈을 거야. 지팡이를 휘두르면 당장 모든 소원이 이루어질 것만 같은. 그렇다면 자네는 아들러를 버려야 하네. 자네가 가진 잘못된 아들러 상(像)을 버리고, 진정한 아들러를 알아야 해.

청 년 아니요! 첫째, 애초에 저는 아들러에게 마법 따위는 기대하지도 않았어요. 둘째, 선생님은 전에 이렇게 말씀하셨어요. "인간은 누구나 지금 이 순간부터 행복해질 수 있다"라고.

철학자 그래, 분명히 그랬지.

청 년 그 말이야말로 마법 그 자체가 아닙니까! 선생님은 "위조지폐에 속지 마"라고 충고하면서 다른 위조지폐를 쥐여주고 있어요. 전형적인 사기수법입니다!

철학자 인간은 누구나 지금 이 순간부터 행복해질 수 있어. 이건 마법도 뭣도 아니고, 엄연한 사실이야. 자네도, 다른 어떤 사람도 행복으로 가는 한 발을 내디딜 수 있네. 단 행복이란 그 자리에 머문 채로는 향유할 수 없어. 걷기 시작한 길을 쉬지 않고 걷지 않으면 안 되네. 이건 꼭 짚고 넘어가야겠군. 자네는 첫발을 내디뎠어. 위대한 한 걸음을. 하지만 용기를 잃고, 걸음을 멈추고 다시 돌아가려 하네. 왠지 아나?

청 년 제게 인내력이 없다는 말씀이시군요.

철학자 아니. 자네는 아직 '인생 최대의 선택'을 하지 않았어. 그뿐일세.

청 년 인생 최대의 선택? 뭘 고르라고요?

철학자 아까 말했지 않나. '사랑'이라고.

청 년 에이, 그렇게 말하면 제가 납득할 것 같습니까? 그런 추상적인 말로 얼렁뚱땅 넘어가려 하지 마세요!

철학자 나는 진지하네. 자네가 지금 안고 있는 문제는 전부 사랑이라는 한마디에 집약되어 있네. 교육 문제도 그리고 자네가 앞으로 살아가야 할 인생의 문제도.

청 년 ……좋아요. 이건 논박할 가치가 있겠군요. 그러면 본격적인 논의에 들어가기 전에 한 말씀만 드리겠습니다. 선생님, 저는 선생님을 한 치의 의심 없이 '현대의 소크라테스'라고 생각합니다. 다만 그 사상에 있어서가 아니라 그 '죄'에 있어서요.

철학자 죄?

청 년 여하튼 소크라테스는 고대 그리스 도시국가 아테네의 젊은이들을 꼬드겨서 타락시킨 혐의로 사형을 선고받았잖아요? 그리고 탈옥하라는 제자들의 말을 무시하고 스스로 독배(毒杯)를 마시고 세상을 떠났죠. ……재미있지 않습니까? 이 옛 도시 외곽에서 아들러 사상을 전파하는 선생님도 똑같은 죄를 저지르고 있잖아요. 다시 말해, 세상모르는 젊은이를 좋은 말로 교묘하게 부추기며 타락시키고 있다고요!

철학자 자네를 아들러에 빠지게 해서 타락시켰다고?

청 년 그러니까 이렇게 다시 이곳을 방문하기로 결심한 겁니다. 저는 더 이상 피해자를 늘리고 싶지 않아요.

철학자 ……긴 밤이 되겠군.

청 년 그렇지만 오늘 밤 안으로, 날이 새기 전까지 결판을 내죠. 더는 여러 번 찾아올 필요가 없도록요. 제가 이 해의 계단을 오를 것인가, 아니면 선생님의 중요한 계단을 죄다 무너뜨리고 아들러를 떠날 것인가. 둘 중 하나예요, 중간은 없습니다.

철학자 알겠네. 이것이 마지막 대화가 되겠군. 아니…… 아무래도 마지막으로 해야 할 것 같군.

| 차례 |

두 번째 이야기

왜 상과 벌을 부정하는가

세 번째 이야기

경쟁원리가 아닌 협력원리에 기초하라

네 번째 이야기

주라, 그러면 얻을 것이다

다섯 번째 이야기

사랑하는 인생을 선택하라

— 첫 번째 이야기 —

나쁜 그 사람, 불쌍한 나라는 핑계

3년 만에 찾아온 철학자의 서재는, 그때와 별반 달라지지 않았다. 오래 써서 윤이 나는 책상 위에는 쓰다 만 원고 뭉치가 쌓여 있었다. 바람에 날아가지 않도록 하기 위한 것인지, 원고 위에는 금으로 세공된 오래된 만년필이 놓여 있었다. 청년은 마치 자기 방에 온 것처럼 모든 것이 정겹게 느껴졌다. 이 책도 가지고 있고, 저 책도 지난주에 막 읽은 참이다. 벽면 한쪽을 가득 채운 책장을 응시하던 청년은 숨을 크게 쉬었다. 여기에 안주해서는 안 돼. 한 발 내딛지 않으면 안 돼.

아들러 심리학, 인생을 사는 태도

청 년　제가 오늘 이곳을 다시 찾아오기로 마음먹기까지, 즉 아들러를 버리기로 결심할 때까지 굉장히 진지하게 고민했습니다. 선생님이 상상하는 이상으로 고민했어요. 그만큼 아들러의 사상이 매력적이었으니까요. 하지만 동시에 그때부터 제가 의심을 품은 것도 사실입니다. 그 의심은 바로 '아들러 심리학'이란 이름 자체와 관련이 있습니다.

철학자　허, 무슨 뜻이지?

청 년 아들러 심리학이라는 이름대로, 아들러의 사상은 심리학으로 분류되고 있습니다. 그리고 제가 아는 한, 심리학은 과학이어야 합니다. 그런데 아들러의 이론에는 과학적이라고 생각할 수 없는 면이 있어요. 물론 '마음'을 다루는 학문이니만큼 모든 것을 수식으로 표현할 수는 없을 겁니다. 그건 잘 알아요. 하지만 말이죠, 곤란하게도 아들러는 '이상'의 영역까지 침범해서 인간을 설명하려고 해요. 마치 종교인의 설교처럼요. 자, 그럼 첫 번째 질문입니다. 선생님은 아들러 심리학이 '과학'이라고 생각하십니까?

철학자 엄밀한 의미에서의 과학, 즉 반증 가능성(反證可能性)[1]을 가진 과학이냐고 묻는다면 그렇진 않네. 아들러는 자신의 심리학을 '과학'이라고 단언했지만, 그가 '공동체 감각'이라는 개념을 들고 나왔을 때 많은 동료가 그의 곁을 떠났지. 자네와 같이 "이런 건 과학이 아니다"라고 판단하고서.

청 년 네, 과학으로서의 심리학을 공부하려는 사람의 입장

1 칼 포퍼(Karl R. Popper)가 주장한 이론으로, 어떤 명제가 있을 때 이에 따르는 반대 이론, 즉 반증을 내놓을 수 있어야 한다는 뜻이다. 포퍼는 "반증이 가능하지 않으면 과학이 아니다"라고 말하며, 이러한 비판적 과정이 있어야 과학의 발전을 이룰 수 있다고 보았다.

에서는 당연한 반응이겠죠.

철학자 이에 관해서는 의견이 분분하네만, 프로이트의 정신분석학, 융의 분석심리학, 아들러의 개인심리학은 반증 가능성을 갖지 않는다는 점에서 전부 다 과학의 정의와는 어울리지 않는 데가 있네. 그건 사실이야.

청 년 그렇군요. 오늘은 자세히 적으려고 수첩을 가지고 왔습니다. 확실히 적어두겠습니다. 엄밀한, 의미에서, 과학이라고는, 부를 수 없다……라! 그러면 선생님, 선생님은 3년 전에 아들러의 사상을 '또 하나의 철학'이라고 하셨잖습니까?

철학자 그래. 나는 아들러 심리학을 그리스철학과 동일 선상에 있는 사상이자 철학이라고 생각하네. 아들러에 대해서도 마찬가지야. 그는 심리학자이기 이전에 어엿한 철학자이며, 그 지식을 임상 현장에 응용한 철학자라는 것이 나의 인식일세.

청 년 알았습니다. 그러면 이제 본론으로 들어가지요. 저는 아들러의 사상을 충분히 깊게 생각하고 실천했습니다. 의심해서 그런 게 아닙니다. 오히려 열에 들뜬 사람처럼 마음속 깊이 믿었죠. 그런데, 특히, 교육 현장에서 아들러의 사상을 실천하려고 하면 다들 놀랄 정도로 반발이 심합니다. 학생들뿐 아니라 주변 교사들도 심하게 반발해요. 생각해보면 당연한 일입니다. 그 사람들과는 전혀 다른 가치관을 토대로 한 교육을 실천하려는 것이니까요. 그리고 문득 제 처지가 어떤 사람들과 비슷하다는 생각이 들었습니다. ……누구인지 아십니까?

철학자 글쎄, 누구지?

청 년 대항해시대에 이교도의 나라로 들어간 선교사들입니다.

철학자 오호.

청 년 당시 선교사들은 말도 문화도 다른 이국의 땅에서 포교 활동을 했습니다. 아들러의 사상을 펼치겠다고 교사로 부임한 저처럼. 그들은 포교에 성공하기도 했지만, 탄압당하고 잔인하게 처형을 당하기도 했지요. 아니, 상식적으로 생각하면 거부당하는 것이 일반적이겠지요. 그렇다면 그들은 왜 새로운 '신'을 전한 걸까요? 그건 굉장한 고난의 길인데 말이지요. 그 이유를 알고 싶어서 저는 도서관으로 달려갔습니다.

철학자 그건…….

청 년　잠깐만요, 아직 제 말 끝나지 않았습니다. 그렇게 해서 관련 서적을 닥치는 대로 읽으면서 또 하나 흥미로운 생각이 들더군요. '아들러의 철학은 결국 종교가 아닐까?' 하는.

철학자　……그렇군.

청 년　그렇잖아요, 아들러가 말하는 이상은 과학이 아닙니다. 과학이 아니다 보니 급기야는 '믿느냐, 믿지 않느냐' 하는 신앙의 차원에 이르게 됩니다. 그러고 다시 이런 식으로 생각하게 되지요. 우리 눈에는 아들러를 모르는 사람들이 안돼 보여요. 한시라도 빨리 '진리'를 알려서 도움을 주지 않으면 안 된다고 여기는 거죠. 저쪽에서 보기에는 이쪽이 해괴망측한 신을 신봉하는 불쌍한 사람인지도 모르는데. 우리야말로 도움을 받아야 하는 존재일지도 모른다고요. 아닙니까?

철학자　물론, 자네 말대로네.

청 년　그러면 말씀해주시죠. 아들러의 철학이 대체 종교와 다른 게 뭡니까?

철학자　종교와 철학의 차이. 중요한 주제일세. 여기서는 과감하게 '신'의 존재를 빼놓고 생각하는 것이 아들러의 이론을 이해하기 더 쉬울 걸세.

청 년 오…… 무슨 뜻이죠?

철학자 종교도 철학도 그리고 과학도 출발점은 같네. 우리는 어디에서 온 것일까, 우리는 어디에 있는 것일까, 그리고 우리는 어떻게 살면 좋을까. 이러한 질문에서 출발한 것이 종교이자 철학이자 과학일세. 고대 그리스에서는 철학과 과학을 구분하지 않았네. 과학(science)의 어원인 라틴어 '스시엔티아(scientia)'는 단지 '지식'이라는 의미에 불과하지.

청 년 뭐, 당시의 과학이란 것이 그렇죠. 하지만 문제는 철학과 종교입니다. 대체 철학과 종교는 무엇이 다른 겁니까?

철학자 그 전에 이 두 가지의 공통점을 확실히 밝혀두는 게 좋겠군. 객관적인 사실을 인정하는 것에 그치는 과학과 달리 철학과 종교는 인간의 '진(眞)', '선(善)', '미(美)'까지 다루네. 이 부분이 아주 큰 핵심이지.

청 년 알겠습니다. 인간의 '마음'까지 파고드는 것이 철학이자 종교임을. 그래서 둘 사이의 다른 점, 경계선은 어디에 있는 겁니까? 역시나 '신이 있느냐 없느냐' 하는 그 한 가지뿐입니까?

철학자 아니. 최대의 차이점은 '이야기'의 유무겠지. 종교는 이야기를 통해 세계를 설명하네. 쉽게 말해서 신은 세계를 설명하는 커다란 이야기의 주인공이지. 그에 비해 철학은 이야기를 거부하네. 주인공이 없는 추상의 개념을 통해 세계를 설명하려고 하지.

청 년 ……철학은 이야기를 거부한다고요? 그럼 답은 구할 수 있는 겁니까?

철학자 철학(philosophy)의 어원인 그리스어 '필로소피아(philosophia)'에는 '지혜를 사랑한다'라는 의미가 있네. 즉 철학이란 '지혜를 사랑하는 학문(愛知學)'이고, 철학자는 '지혜를 사랑하는 자(愛知者)'인 셈이지. 거꾸로 말하면, 모든 지혜를 다 알고 완전히 지혜로운 자(知者)가 되면 그 사람은 이미 지혜를 사랑하는 사람(철학자)이 아닐세. 근대철학의 아버지인 칸트는 "우리는 철학을 배울 수 없다. 철학하는 것을 배울 뿐이다"라고 말했네.

청 년 철학을 한다?

철학자 그래. 철학은 학문이라기보다 인생을 사는 '태도'인 셈이지. 전지전능한 신에게 가르침을 받고 답을 구하는 것과는 달리. 소크라테스 입장에서는 신만이

'지혜로운 자' 일세.

청 년 다시 말해, 선생님은 아직 답을 '모른다'는 거군요?

철학자 모르네. 우리는 그 대상에 대해 '알고 있다'라고 생각하는 순간, 더 이상 추구하려고 하지 않네. 나는 언제까지나 자아를 생각하고, 타인을 생각하고, 세계를 생각할 걸세. 그런 의미에서 나는 영원히 '모른다'고 해야겠지.

청 년 헤헤. 그 대답 또한 철학적이군요.

철학자 소크라테스는 '지혜로운 자'를 자처하는 사람들(소피스트)과의 대화를 통해 하나의 결론에 도달했네. 나(소크라테스)는 '내 지식이 완전하지 않음'을 알고 있다. 나의 무지함을 알고 있다. 자칭 지혜로운 자라고 하는 그들은 '모든 것'을 알고 있다고 믿고 있지만, 자신의 무지에 대해서는 전혀 모른다. 그 한 가지 면에서, 즉 '자신의 무지를 안다'는 그 한 가지 면에서 보자면 나는 그들보다 지혜로운 자다. ……유명한 '무지의 지(無知—知)'[2] 라는 말이네.

청 년 그럼, 답을 알지도 못하는 무지한 선생님이 대체 제

2 독일어로는 Bewusstsein des Nichtwissens, '무지의 자각'이라고도 한다. 소크라테스 철학을 특징짓는 유명한 말로, '아무것도 알지 못함'을 아는 그 자체가 진실한 앎을 얻는 근원이란 뜻이다.

게 무엇을 가르쳐준단 말입니까?!

철학자 가르쳐주다니 당치 않네. 같이 생각하고, 같이 걸으세나.

청 년 오, 끝까지요? 멈추는 일 없이?

철학자 그래. 어디까지나 멈추지 않고 묻고, 멈추지 않고 걷는 거지.

청 년 대단한 자신감이네요, 이제 궤변은 통하지 않는다고 했는데. 좋습니다. 휘청거리다 멈추게 해드리지요!

교육의 궁극적인 목표는 무엇인가

철학자 자, 어디서부터 시작할까?

청 년 지금 제가 풀어야 할 시급한 과제는 역시 교육입니다. 교육을 중심으로 아들러의 모순을 폭로해보죠. 아들러의 사상은 그 근간에서 모든 교육과 맞지 않는 부분이 있으니까요.

철학자 과연, 재미있을 것 같군.

청 년 아들러 심리학에는 '과제의 분리'라는 개념이 있죠? 인생의 온갖 과제에 대해 '이것은 누구의 과제인가' 하는 관점에서 '자신의 과제'와 '타인의 과제'를 분리해서 생각한다. 예를 들어 제가 상사에게 미움받는다고 해보죠. 당연히 기분이 좋지 않을 겁니다. 어떻게든 상사의 눈에 들고 인정받으려고 노력하는 것이 보통입니다. 하지만 아들러는 그러한 태도가 잘못되었다고 말합니다. 나의 말과 행동에, 또 나라는 사람에게 상사(타인)가 어떤 평가를 내릴지는 상사의 과제(타인의 과제)이며 내가 컨트롤할 수는 없다. 내가 아무리 노력해도 상사는 나를 쭉 싫어할지도 모른다. 그래서 아들러는 말합니다. "당신은 타인의 기대를 충족시키기 위해 사는 것이 아니다", "타인 또한 당신의 기대를 충족시키기 위해 사는 것이 아니다"라고. 타인의 시선에 겁먹지 말고, 타인의 평가에 신경 쓰지 말고, 타인에게 인정받으려고 하지 마라. 그저 자신이 믿는 최선의 길을 선택해라. 타인의 과제에 개입하지도 말고, 자신의 과제에 타인을 개입시키지도 마라. 아들러 심리학을 처음 접하는 사람에게는 엄청나게 충격적인 개념이죠.

철학자 그래. '과제의 분리'를 할 수 있으면 인간관계의 고민은 상당히 줄어드네.

청 년 나아가 선생님은 이렇게 말씀하셨습니다. 그것이 누구의 과제인가를 확인하는 방법은 간단하다. '그 선택이 가져온 결과를 최종적으로 받아들이는 사람은 누구인가?' 이것을 생각하면 된다고. 맞죠?

철학자 틀림없네.

청 년 그때 선생님은 아이의 공부를 예로 들었습니다. 아이가 공부하지 않는다, 아이의 장래가 걱정된 부모는 야단을 친다. 하지만 여기에서 '공부하지 않는 것'이 가져오는 결과—원하는 학교에 가지 못하거나 취직이 어려워지는 등—를 최종적으로 받아들여야 하는 사람은 누구인가. 그것은 아이 자신이며, 부모의 잘못은 아니다. 즉 공부는 '아이의 과제'이며 부모가 개입할 문제가 아니다. 이것도 맞죠?

철학자 그래.

청 년 자, 여기서 큰 의문이 생깁니다. 공부는 아이의 과제입니다. 아이의 과제에 개입해서는 안 된다. 그렇다면 '교육'이란 무엇일까요? 우리 교육자들은 무슨 일을 하는 사람들인 거죠? 그렇잖습니까. 선생님의 논리에 따르면, 공부를 강요하는 우리 교육자들은 아이의 과제에 함부로 침범하는 불법 침입자들이라고요! 하하, 어떻습니까? 대답할 수 있겠어요?

철학자 과연. 아들러에 대해 교육자들과 이야기할 때 종종 나오는 질문이지. 분명히 공부는 아이의 과제일세. 거기에 개입하는 것은 부모라고 해도 허용될 수 없어. 아들러가 말하는 '과제의 분리'를 단편적으로만 파악하면 모든 교육은 타인의 과제에 대한 개입이 되어 부정적으로 여겨질 만한 행위가 되네. 하지만 아들러가 살던 시대에 아들러만큼 교육에 힘을 쏟은 심리학자는 없었어. 아들러에게 교육이란 중심 과제의 하나일 뿐 아니라 최대의 희망이었다네.

청 년 오, 구체적으로는요?

철학자 가령 아들러 심리학에서는 카운슬링을 치료라고 생각지 않고 '재교육'의 장으로 본다네.

청 년 재교육?

철학자 그래. 카운슬링도 아이의 교육도 본질적으로는 같아. 카운슬러는 교육자이고, 교육자는 카운슬러지. 그렇게 생각해도 상관없네.

청 년 하하, 몰랐는걸요. 설마 제가 카운슬러였다니! 대체 무슨 뜻입니까?

철학자 중요한 부분이네. 정리하면서 설명하겠네. 먼저 가정과 학교에서 하는 교육은 무엇을 목표로 이루어질까. 자네 의견은 어떤가?

청 년 ……한마디로 말할 수는 없습니다. 학문을 통해 지식을 연마하는 것, 사회성을 기르는 것, 정의를 중요하게 여기고 몸과 마음이 모두 건강한 사람으로 성장해가는 것…….

철학자 그래. 어느 것이나 중요하네만 더 넓은 관점에서 생각해보세. 교육을 통해 아이들이 어떻게 되기를 바라는 걸까?

청 년 ……어엿한 성인이 되라, 이건가요?

철학자 그래. 교육이 목표하는 바를 한마디로 말하자면 '자립'이지.

청 년 자립…… 뭐, 그렇게 말할 수도 있겠네요.

철학자 아들러 심리학에서는, 인간은 모두 무기력한 상태에서 벗어나서 더 나아지길 바라는 욕구를 가진, 즉 '우월성을 추구'하며 사는 존재라고 생각하네. 아장아장 걷는 아기가 두 발로 일어서고, 말을 배우고, 주변 사람들과 의사소통을 할 수 있게 된다. 다시 말해, 인간은 모두 '자유'를 추구하고, 무기력하고 부자유

스러운 상태에서 '자립'하기를 원하네. 이것은 근원적인 욕구지.

청 년 그 자립을 촉진하는 것이 교육이다?

철학자 그렇지. 게다가 신체적인 성장뿐 아니라 아이들이 사회적으로 '자립'하려면 다양한 지식을 알아야만 하네. 자네가 말하는 사회성과 정의, 지식 등도 포함해서. 물론 모르는 것에 대해서는 다른 사람이 가르쳐줘야 하네. 주변에 있는 사람들이 도와줘야 하는 거지. 교육이란 '개입'이 아니라 자립을 위한 '지원'인 셈이야.

청 년 하, 잘도 둘러대시네요!

철학자 가령 교통법규를 모른 채, 빨간불과 파란불이 의미하는 것이 무엇인지 모른 채 사회에 나오면 어떻게 될까? 혹은 자동차 운전하는 법을 모르는 채 운전석에 앉게 된다면? 당연히 거기에는 알아야 할 규칙이 있고, 배워야 할 기술이 있겠지. 이는 생명에 관한 문제로, 다른 사람의 생명을 위험에 빠트릴지도 모르네. 반대로 말하면, 만약 지구상에 다른 사람이라곤 한 명도 없이 나 혼자 살고 있다면 알아야 할 것도 교육도 필요 없지. '지혜'가 필요 없다는 말일세.

청 년 다른 사람이 있고, 사회가 있기 때문에 배워야 할 '지혜'도 있는 것이다?

철학자 그대로네. 여기에서의 '지혜'란 학문뿐 아니라 인간이 인간으로서 행복하게 살기 위한 '지성'도 포함되네. 즉 공동체 안에서 어떻게 살아갈 것인가, 타인과 어떻게 관계를 맺을 것인가, 어떻게 하면 그 공동체 안에서 자신이 있을 곳을 찾을 수 있는가. '나'를 알고 '너'를 아는 것. 인간의 본성을 알고 이해하는 것. 아들러는 그것을 '인간 이해(Menschenkenntnis)'라고 했네.

청 년 인간 이해? 처음 들어보는 말입니다.

철학자 그럴지도 모르지. 인간 본성에 대한 지식이라고도 표현하는데, 이 지식은 책을 통해 얻을 수 있는 것이 아니라 다른 사람과 교류하는 등의 인간관계를 통해 배울 수밖에 없네. 그런 의미에서 학교는 가정 이상으로 중요한 의미를 지닌 교육의 장이라고 할 수 있지.

청 년 교육의 핵심이 그 '인간 이해'인지 뭔지에 달려 있다고요?

철학자 그래. 카운슬링도 마찬가지야. 카운슬러는 상담자의 '자립'을 지원하네. 그리고 자립하는 데 필요한 '인간 이해'가 무엇인지 함께 생각해본다네. ……그러게, 자네 지난번에 설명한 아들러 심리학에서 제시한 목표를 기억하고 있나? 행동의 목표와 그 행동을 뒷받침하는 심리적 목표 말일세.

청 년 네, 기억하고말고요. 행동의 목표는 이랬습니다.

① 자립할 것
② 사회와 조화를 이루며 살아갈 것

그리고 그 행동을 뒷받침하는 심리적 목표는 다음과 같았죠.

① 내게는 능력이 있다는 의식을 가질 것
② 사람들은 내 친구라는 의식을 가질 것

요컨대 카운슬링뿐 아니라 가정과 학교 교육에 있어서도 이 네 가지가 중요하다는 말씀이시군요?

철학자 게다가 막연히 살기 힘들다고 느끼는 우리 어른들에게도. 이러한 목표에 도달하지 못하고 사회생활을 힘들어하는 어른이 많으니까. 만약 '자립'이라는 목표를 도외시하면 교육과 카운슬링, 심지어 하는 일을 가르치는 것마저도 당장 강요하는 걸로 바뀔 걸세. 우리는 늘 자신의 역할을 자각하지 않으면 안 되네. 교육이 강제적인 '개입'으로 전락할 것인가, 자립을 촉구하는 '지원'에서 멈출 것인가. 그것은 교육하는 측, 지도하는 측의 자세에 달려 있다네.

청 년 확실히 그렇겠지요. 압니다, 동의해요, 그 고매한 이상에는. 하지만 선생님, 이제 같은 수법은 통하지 않아요! 선생님과 이야기를 나누다 보면 막판에는 늘 추상적인 이상론에 빠지곤 해요. 듣기 좋은, 그럴싸한 말을 듣고 '이해한 것 같은' 상태가 돼요. 하지만 문제는 추상적인 이론이 아니라 구체적인 방법입니다. 공허한 이론이 아니라 현실에 기초한 실제적인 이론이 듣고 싶다고요. 구체적으로, 교육자는 어떤 걸음을 내디뎌야 할까요? 선생님은 그 부분을 계속 얼버무리고 있지 않습니까, 가장 중요한 구체적인 첫발을. 멉니다, 선생님의 이야기는. 늘 먼 곳의 경치만 보며 발밑에 있는 진흙탕은 보지 않잖아요!

3년 전에 청년은 철학자의 입에서 나온 아들러의 사상에 놀라고, 의심하고, 감정적으로 반발하는 것이 고작이었다. 하지만 이번엔 다르다. 이미 아들러 심리학의 골격을 충분히 이해하고, 현실 사회에서 경험도 쌓았다. 이 현장에서의 경험으로 인해 오히려 자신이 더 많은 것을 배웠다고도 할 수 있다. 이번에 청년의 목표는 명확했다. 추상적이 아니라 구체적인 이야기를. 이론적이 아니라 실천적인 이야기를. 그리고 이상적이 아니라 현실적인 이야기를. 내가 알고 싶은 것도 거기에 있고, 아들러의 약점도 거기에 있다.

있는 그대로 그 사람을 보는 '존경'

철학자　구체적으로 어디서부터 시작하면 좋을까. 교육, 지도, 지원이 '자립'이라는 목표를 내세울 때, 그 입구는 어디에 있을까. 분명 고민이지. 하지만 여기에는 명확한 지침이 있네.

청 년　들어보죠.

철학자　답은 하나, '존경'일세.

청 년　존경?

철학자　그래. 교육의 입구는 그것 외에 없어.

청 년 존경이라니, 의외의 답변이네요! 그러니까 그거, 부모를 존경하라, 교사를 존경하라, 상사를 존경하라는 겁니까?

철학자 아닐세. 예를 들면 자네 학급에서의 경우, '자네'가 먼저 아이들에게 존경하는 마음을 품게나. 모든 것은 그로부터 시작된다네.

청 년 제가요? 5분도 가만히 앉아서 다른 사람의 얘기를 듣지 못하는 그 아이들을요?

철학자 그래. 이것은 집에서든 혹은 사회조직에서든, 어떤 인간관계에서도 마찬가지일세. 부모가 먼저 아이를 존경한다, 상사가 먼저 부하직원을 존경한다. 역할로 보자면 '가르치는 쪽'에 있는 사람이 '가르침을 받는 쪽'에 있는 사람을 존경한다. 존경이 없는 곳에서 좋은 인간관계는 생길 수 없고, 좋은 인간관계 없이는 자네의 뜻을 전할 수도 없네.

청 년 어떤 문제아라도 존경하라고요?

철학자 그래. 근원에 있는 것은 '인간에 대한 존경'이니까. 특정한 다른 사람을 존경하는 것이 아니라 가족과 친구, 스쳐 지나가는 낯선 사람들, 나아가 평생 만날 일 없는 다른 나라 사람들까지 포함해서 모든 타인을 존경하는 걸세.

청 년 아, 또 도덕적인 설교! 좋은 기회니 이참에 말해두죠. 분명 학교교육 안에서도 도덕은 커리큘럼에 포함되고, 나름대로의 위치를 차지하고 있어요. 그 가치를 믿는 사람이 많은 것도 인정합니다. 하지만 생각해 보세요. 왜 일부러 아이들에게 도덕을 알아듣게 말할 필요가 있는 걸까요? 그것은 애초에 아이들이 부도덕한 존재이며, 나아가서는 인간이 부도덕한 존재이기 때문입니다! 뭐가 '인간에 대한 존경'입니까! 아시겠어요, 선생님이나 저나 영혼의 밑바닥에 떠도는 것은 끔찍한 부도덕의 썩은 내라고요! 부도덕한 인간에게 도덕적이어야 한다고 말한다, 내게 도덕을 요구한다. 이거야말로 개입이며 강요나 다름없어요. 선생님의 말씀은 모순투성이에요! 다시 말하지만요, 선생님의 이상론으론 현장은 조금도 달라지지 않아요. 게다가 그 문제아들을 어떻게 존경하라는 건지!

철학자 그러면 나도 다시 말하지. 나는 도덕을 설교하는 것이 아닐세. 이어서 또 한 가지, 자네 같은 사람이야말로 존경을 알고 실천하지 않으면 안 된다네.

청 년 절대로 싫습니다! 저는 뜬구름 잡는 공허한 이론을 듣고 싶은 게 아닙니다. 내일이라도 당장 실천할 수 있는 구체적인 방법을 묻고 있다고요!

철학자 존경이란 무엇인가. 이런 말을 소개하지. "존경이란 인간의 모습을 있는 그대로 보고, 그 사람이 유일무이한 존재임을 아는 능력이다." 아들러와 같은 시대에 나치의 박해를 피해 미국으로 건너간 사회심리학자 에리히 프롬이 한 말일세.

청 년 그 사람이 유일무이한 존재임을 아는 능력?

철학자 그래. 이 세계에 단 한 명밖에 없는, 둘도 없이 소중한 '그 사람'을 있는 그대로 보는 것이지. 이어서 프롬은 이런 말을 덧붙였네. "존경이란 그 사람이 그 사람답게 성장하고 발전할 수 있게 배려하는 것이다"라고.

청 년 무슨 뜻이죠?

철학자 눈앞의 타인을 바꾸려고도 조종하려고도 하지 않는다. 뭔가 조건을 다는 것이 아니라 '있는 그대로의 그 사람'을 인정한다. 이를 넘어서는 존경은 없네. 그리고 만약 누군가로부터 '있는 그대로의 자신'을 인정받는다면, 그 사람은 큰 용기를 얻게 되겠지. 존경이란, 이른바 '용기 부여'의 출발점이기도 하네.

청 년　아뇨! 그런 건 제가 아는 존경이 아니에요. 존경이란 건, 자신도 그렇게 되길 바라마지 않는, 동경과도 흡사한 감정을 말한다고요!

철학자　아니. 그건 존경이 아니라 공포이고 종속이고 맹신일세. 상대를 보지도 않고 권력이나 권위에 겁먹고 허상을 떠받드는 것뿐이지. 존경(respect)의 어원인 라틴어 '레스피치오(respicio)'에는 '본다'라는 의미가 있네. 먼저 있는 그대로의 그 사람을 보는 걸세. 자네는 아직 아무것도 보지 않았으면서 보려고 하지도 않네. 자신의 가치관을 밀어붙이지 않고 그 사람이 '그 사람인 것'에 가치를 두는 것. 나아가서는 그 성장과 발전을 지원하는 것. 그것이 바로 존경이라네. 타인을 조종하려는 태도, 교정하려는 태도에는 절대 존경이 없지.

청 년　……있는 그대로 인정하면, 그 문제아들이 달라집니까?

철학자　그건 자네가 컨트롤할 수 있는 부분이 아니야. 달라질 수도 있고, 달라지지 않을 수도 있지. 하지만 자네가 존경하는 태도를 보인다면 학생들 개개인이 '내가 나인 것'을 받아들이고 자립하기 위한 용기를 되찾을 걸세. 그건 틀림없네. 되찾은 용기를 내느냐 마느냐는 학생들에게 달렸지.

청 년 그건 '과제를 분리'하라?

철학자 그래. 물가에 데려갈 수는 있지만 물을 마시게 할 수는 없네. 자네가 아무리 훌륭한 교육자라고 해도 학생들이 달라진다는 보장은 어디에도 없어. 하지만 그렇기에 조건 없이 존경한다는 뜻이기도 하지. '자네'가 먼저 시작해야 하네. 조건을 일절 달지 않고, 어떠한 결과가 기다리고 있더라도 처음 첫발을 내딛는 것은 '자네'여야 하네.

청 년 하지만, 그러면 아무것도 변하지 않아요!

철학자 이 세계에는 어떤 권력자도 강요할 수 없는 것이 두 가지 있네.

청 년 뭔데요?

철학자 '존경'과 '사랑'일세. 가령 회사 조직의 꼭대기에 있는 사람이 강한 권력을 가진 독선적 인물이었다고 하세. 분명 직원들은 무슨 지시를 내리든 따르겠지. 고분고분한 기색을 보일 거야. 하지만 그것은 공포가 깔린 복종이지, 거기에 '존경'은 추호도 없어. "나를 존경하라" 하고 외쳐봤자 아무도 따르지 않네. 점점 마음이 떠날 뿐이지.

청 년 뭐, 그건 그렇습니다.

철학자 게다가 서로 간에 '존경'이 존재하지 않는다면, 거기에는 인간으로서의 '관계'도 존재하지 않을 걸세. 그런 조직은 단순히 못과 나사, 톱니바퀴처럼 '기능'하기 위한 인간이 모인 것에 불과해. 기계와 같은 '작업'은 할 수 있을지 몰라도 인간다운 '일'을 할 수 있는 사람은 없지.

청 년 에이, 뭘 그리 말을 빙 돌리면서 하세요! 요컨대 선생님은 제가 학생들한테 존경받지 못해서 교실이 엉망진창이 된 거라고 말하시는 거잖아요?

철학자 잠시 겁을 먹긴 했어도 존경하지는 않겠지. 반이 제대로 돌아가지 않는 것도 당연해. 엉망이 된 반을 그냥 두고 볼 수 없게 된 자네는 강권적인 수단을 쓰게 돼. 힘을 써서, 겁을 줘서 무조건 자네 말을 따르게 하겠지. 분명 일시적인 효과는 기대할 수 있을지 몰라. 말을 잘 듣게 되었다고 안도할지도 모르지. 하지만…….

청 년 ……이쪽이 하는 말 따위 듣지 않는다.

철학자 그래. 아이들은 '자네'가 아니라 '권력'에 복종하는 것뿐이야. '자네'를 이해할 생각은 추호도 없지. 귀를 닫고 눈을 감고 분노의 광풍이 지나가기만을 기다릴 뿐이네.

청 년 후후, 말씀대로입니다.

철학자 그러한 악순환에 빠지는 것도 자네가 학생들을 존경하는, 무조건 존경하는 첫발을 내딛지 못했기 때문일세.

청 년 첫발을 내딛지 못했으니 내가 무엇을 해도 통할 리 없다, 그런 말씀이네요?

철학자 그래. 아무도 없는 공간에 대고 고함을 지른 거야. 들어줄 리가 없지.

청 년 좋아요! 여전히 반론해야 할 것이 산더미처럼 많지만, 일단 받아들이죠. 그래서 만일 선생님의 말이 옳다면, 다시 말해 존경을 실마리로 해서 관계를 맺으려면, 대체 어떻게 존경을 표해야 됩니까? 설마 환한 미소를 지으며 "너를 존경하고 있어"라고 말이라도 하라는 건가요?

철학자 존경이란 말로 하는 것이 아닐세. 게다가 그렇게 다가오는 어른의 '거짓말'이나 '속셈'을 아이들은 민감하게 읽어내지. '이 사람은 거짓말을 하고 있다'라고 생각하는 순간 존경하는 마음은 나오지 않을 걸세.

청 년 네네. 그것도 말씀대로입니다. 그래서 어찌하란 건가요? 도대체가요, 선생님은 지금 '존경'에 대해서 큰 모순이 내포된 이야기를 하고 있어요.

철학자 오, 어떤 모순이지?

존경부터 시작하라, 철학자는 말한다. 교육뿐 아니라 모든 인간관계의 토대는 존경에서 비롯된다면서. 분명 인간은 존경하지 않는 사람의 말은 귀담아듣지 않는다. 철학자의 주장에도 이해가 가는 부분은 있다. 하지만 모든 타인을 존경하라, 학급의 문제아도 세상의 악당들도 전부 존경의 대상이다, 라는 주장에는 절대 반대한다. 게다가 이 남자는 자기의 무덤을 팠다. 간과할 수 없는 모순을 말했다. 역시 내가 해야 할 일은 이것이다. 이 석굴에 숨어 지내는 소크라테스를 매장시키는 것이다. 청년은 천천히 입술을 축이다가 단숨에 말을 쏟아냈다.

청 년 아십니까? 방금 전에 선생님은 이렇게 말씀하셨습니다. "존경은 절대 강요할 수 없어." 정말이지 그건 그렇습니다. 저도 매우 동의합니다. 그런데 입에 침이 마르기도 전에 "학생들을 존경하라"고 말씀하시네요. 하하, 이상하지 않습니까! 강요할 수 없는 것을 스스로에게 강요하다니! 이것을 모순이라 하지 않으면 무엇을 모순이라 하겠습니까?!

철학자 분명 그 말만 주워들으면 모순으로 들릴 걸세. 하지만 이렇게 이해하게. 존경이라는 공은 던진 사람에게만 돌아온다는 것을. 마치 벽을 향해 공을 던지는 것과도 같지. 자네가 던지면 공은 돌아올 수도 있어. 하지만 벽을 향해 "공을 던져"라고 외쳐봤자 아무 일도 일어나지 않네.

청 년 아뇨, 적당한 비유로 속이려고 해도 그렇게는 안 될 겁니다. 똑바로 대답해주세요. 공을 던지는 '나'의 존경은 어디서 생기는 겁니까? 아무것도 없는 곳에서 공이 생길 리 없잖아요!

철학자 알았네. 이는 아들러 심리학을 이해하고 실천하는

데 있어서 중요한 핵심일세. 자네, '공동체 감각'이란 말 기억하고 있나?

청 년 물론입니다. 뭐, 아직 완전히 이해한 것은 아닙니다만.

철학자 그래, 좀처럼 이해하기 어려운 개념이지. 다시 시간을 들여서 천천히 생각해보세. 먼저 여기에서 생각해볼 것은 아들러가 독일어로 쓴 '공동체 감각'을 영어로 번역할 때 '소셜 인터레스트(social interest)'라고 한 점일세. 이것은 '사회에 대한 관심', 더욱 알기 쉽게 설명하면 사회를 형성하는 '타인에 대한 관심'이라는 뜻이 되네.

청 년 독일어와는 다르다는 건가요?

철학자 그래. 독일어로는 공동체를 의미하는 '게마인샤프트(Gemeinschaft)'와 감각을 의미하는 '게퓔(Gefühl)'을 조합시킨 '게마인샤프트게퓔(Gemeinschafts-gefühl)'이라고 했네. 확실히 '공동체 감각'이란 말을 사용했어. 아마도 독일어에 충실하게 영어로 번역하면 '커뮤니티 필링(community feeling)'이나 '커뮤니티 센스(community sense)'가 되었을지도 몰라.

청 년 뭐 그런 학술적인 이야기를 듣고 싶지는 않지만, 그게 왜요?

철학자 생각해보게. 대체 왜 아들러는 '공동체 감각'을 영어권에 소개할 때 독일어를 직역한 'community feeling'이 아니라 'social interest'를 선택했을까? 여기엔 중요한 이유가 숨어 있네. 오스트리아 빈에서 활동하던 시절, 아들러가 처음 '공동체 감각'이라는 개념을 들고 나왔을 때 많은 동료가 그의 곁을 떠났다고 내가 말했었지? 그런 건 과학이 아니라고, 과학이어야 할 심리학에 아들러는 '가치'의 문제를 들고 나왔다고 반감을 사는 바람에 동료들을 잃었다는 이야기는.

청 년 네, 들었습니다.

철학자 그러한 경험을 통해 아들러도 '공동체 감각'을 이해시키는 일이 얼마나 힘든지 충분히 알았을 걸세. 그래서 영어권에 소개할 때에는 '공동체 감각'이라는 개념을 실천에 입각한 행동 지침으로 바꿨네. 추상적인 걸 구체적인 걸로 옮긴 거지. 그 행동 지침이 바로 '타인에 대한 관심'이었다네.

청 년 행동 지침이요?

철학자 그래. 자기에 대한 집착에서 벗어나 타인에게 관심을 기울이는 것. 그 지침에 따라 살 수 있으면 저절로 '공동체 감각'에 도달한다고.

청 년 아아, 내 말을 전혀 이해하지 못했잖아! 그 논의가 이미 추상적이라고요! 타인에게 관심을 기울인다는 행동 지침 자체가. 구체적으로 무엇을 어떻게 해야 한다는 겁니까?

철학자 그러면 여기서 다시 한번 에리히 프롬의 말을 떠올려보게. "존경이란 그 사람이 그 사람답게 성장하고 발전할 수 있게 배려하는 것이다." ……무엇 하나 부정하지 않고, 아무런 강요도 하지 않고, 그 사람이 '그 사람답게' 사는 것을 받아들이고 존중한다. 즉 상대의 존엄을 지켜주면서 관심을 기울인다. 그 구체적인 첫걸음이 어디에 있는지 모르겠나?

청 년 뭔데요?

철학자 이것은 극히 논리적인 귀결일세. '타인의 관심사'에 관심을 기울이는 걸세.

청 년 타인의 관심사?

철학자 예를 들어, 아이들이 자네가 도저히 이해할 수 없는 놀이를 하며 즐거워하고 있네. 아이들용으로 나온 바보 같은 완구를 갖고 노느라 정신이 없지. 때로는 공공질서나 미풍양속을 해치는 책을 읽거나 게임에 탐닉하기도 하고. ……짐작 가는 사례가 있겠지?

청 년 네, 거의 매일 그런 광경을 봅니다.

철학자 많은 부모와 교육자들은 그런 모습을 보며 미간을 찌푸리고 더 '쓸모가 있는 것'이나 '가치가 있는 것'을 주려고 하네. 물론 부모들은 '아이의 장래를 생각해서' 그렇게 하는 것일 테지. 하지만 이것은 일말의 '존경'도 없는, 아이와의 거리를 멀어지게 하는 행위라고 생각할 수밖에 없네. 아이들의 자연스러운 관심을 부정하는 것이니까.

청 년 그럼, 저속한 놀이를 권장하라고요?

철학자 이쪽에서 뭔가 권하라는 말이 아닐세. 그저 '아이들의 관심사'에 관심을 기울이라는 것이지. 자네가 보기에 아무리 저속한 놀이일지라도 일단은 그게 어떤 건지 이해하려고 해보게. 스스로 해보고, 경우에 따라서는 함께 어울려 놀아보게. '놀아주는 것'이 아니라 자네도 즐겨보라는 걸세. 그제야 비로소 아이들은 자신들이 인정받고 있다는 것을, 어린애 취급을 받고 있지 않다는 것을, 한 인간으로서 '존경'받고 있다는 것을 실감할 걸세.

청 년 하지만 그건…….

철학자 아이만이 아닐세. 이것은 모든 인간관계에 필요한 존경의 구체적인 첫걸음일세. 회사에서의 인간관계에 있어서도, 연인과의 관계에 있어서도, 혹은 국제적인 관계에 있어서도 우리는 '타인의 관심사'에 더 관심을 기울일 필요가 있네.

청 년 있을 수 없는 일입니다! 선생님은 몰라요, 그 아이들의 관심사가 얼마나 천한 것을 포함하고 있는지! 괴기하고 이상한 것을 품고 있다고요! 그럴 때 올바른 길을 제시해주는 것이 우리 어른들의 역할이 아닙니까!

철학자 아닐세. 공동체 감각에 관해 아들러는 기꺼이 이런 표현을 썼네. 우리에게 필요한 것은 '타인의 눈으로 보고, 타인의 귀로 듣고, 타인의 마음으로 느끼는 것'이라고.

청 년 뭐라고요?

철학자 자네는 지금 자네의 눈으로 보고, 자네의 귀로 듣고, 자네의 마음으로 느끼려고 하네. 그래서 아이들의 관심사에 대해 천하다거나 괴기스럽다 하는 말을 하는 거야. 아이들은 그렇게 생각하지 않네. 그러면 아이들은 무엇을 보고 있을까? 일단 그걸 이해하지 않으면 안 돼.

청 년 아니요, 무리예요! 불가능하다고요, 그런 건!

철학자 왜지?

만약 우리가 같은 마음과 같은 인생이라면

청 년 선생님은 벌써 잊어버렸는지 모르지만요, 저는 똑똑히 기억하고 있어요. 3년 전, 맨 처음에 선생님은 제게 이렇게 단언하셨죠. 우리는 누구나 객관적인 세계에 살고 있는 것이 아니라, 스스로 의미를 부여한 주관적인 세계에 살고 있다. 우리가 문제로 삼아야 할 것은 '세계가 어떠한가'가 아니라 '세계를 어떻게 보고 있는가' 하는 점이다. 우리는 자신의 주관에서 벗어날 수 없다.

철학자 그래, 그랬지.

청 년 그럼 묻죠. 자신의 주관에서 벗어나지 못하는 우리가 어떻게 해서 '타인의 눈'으로 보고 '타인의 귀'로 들으며, 더 나아가 '타인의 마음'까지 느낀다는 겁니까? 말장난 좀 적당히 하세요!

철학자 중요한 지적이야. 분명 우리는 자신의 주관에서 벗어날 수 없네. 그리고 당연히 타인이 될 수도 없어. 하지만 타인의 눈에 비친 것과 타인의 귀에 들리는 소리는 상상할 수 있네. 아들러는 이렇게 제안했지. 먼저 '만약 내가 이 사람과 같은 마음이고 같은 인생을 산다면 어떨까?'를 생각해보라고. 그렇게 해보면 '반드시 나도 이 사람과 같은 과제에 직면하겠지'라고 이해할 수 있고, 나아가서는 '반드시 나도 이 사람과 같은 방식으로 대응하겠지'라고 상상할 수 있을 거라고.

청 년 같은 마음과 인생……?

철학자 가령 공부하기 싫어하는 학생이 있다고 하세. 그 학생에게 "왜 공부를 안 해?"라고 다그치듯 묻는 것은 존경이 전혀 없는 태도라네. 그러지 말고 먼저 '만약 내가 이 학생과 같은 마음이고 같은 인생을 산다면 어떨까?'를 생각한다. 즉 자신이 그 아이와 나이가 같고, 같은 집에서 살고, 같은 친구와 어울리고, 같은 흥미와 관심사를 갖고 있다면 어떨지 생각해본다. 그러면 '그 자신'이 공부라는 과제를 앞두고 어떤 태

우리는 '타인의 관심사'에 더 관심을 기울일 필요가 있네.
이것은 모든 인간관계에 필요한 존경의 구체적인 첫걸음일세.
회사에서의 인간관계에 있어서도, 연인과의 관계에 있어서도.

도를 취할지, 왜 공부를 거부하는지 상상해볼 수 있을 거야. ……이런 태도를 뭐라고 하는지 아나?

청 년 ……상상력, 인가요?

철학자 아니. 바로 '공감' 일세.

청 년 공감? ………같은 마음과 같은 인생을 생각해보는 게요?

철학자 그래. 세간에서 일반적으로 생각하는 공감, 즉 상대의 의견에 '나도 같은 마음이다' 하고 동의하는 것은 단순한 동조이지 공감은 아닐세. 공감이란 타인에게 다가가는 기술이자 태도라네.

청 년 기술! 공감은 기술인가요?

철학자 그래. 그리고 기술인 이상 자네도 배울 수 있지.

청 년 오, 재미있는데요! 그럼 기술로서 설명해보시죠. 대체 어떻게 해서 상대의 '마음과 인생' 이니 하는 것들을 안다는 겁니까? 한 명씩 카운슬링을 하나요? 하, 그런 걸 알 턱이 없잖아요!

철학자 그러니까 '타인의 관심사' 에 관심을 기울이라는 걸세. 거리를 두고 지켜보기만 해서는 안 되네. 스스로 뛰어들지 않으면 안 된다고. 자네는 뛰어들지도 않으면서, 높은 곳에 서서 "그건 무리야", "이만한 벽이 있다고" 하며 비평만 하고 있을 뿐이네. 거기엔 존경도 공감도 없지.

청 년 아니요! 전혀 아니라고요!

철학자 무엇이 아니라는 건가?

용기도 존경도 전염이 된다

청 년 그야, 학생들과 함께 공 하나라도 쫓아다니다 보면 저를 우러러보는 학생도 생기겠죠. 호감을 갖고, 친근한 존재로 여겨줄지도 몰라요. 하지만 그 아이들의 '친구'로 전락하면 교육하기가 더욱 어려워진다고요! 안타깝게도 아이들은 천사가 아니에요. 이쪽이 조금이라도 만만하게 굴면, 이때다 하고 우쭐해서 막무가내로 나오는 작은 악마입니다. 선생님은 상상 속의, 이 세상에 존재하지 않는 천사들과 놀고 있는 거라고요!

철학자 나도 아이를 둘 키웠네. 또한 이 서재에는 학교교육에 적응하지 못한 젊은 친구들이 카운슬링을 받기 위해 많이 찾아온다네. 자네가 말한 대로 아이는 천사가 아닐세. 어엿한 한 인간이지. 한 인간이기에 최대 수준의 존경을 표하지 않으면 안 되네. 아래로 보지 말고, 우러러보지도 말고, 잘 보이려고 하지도 말고, 대등한 존재로 대하는 걸세. 아이들의 흥미와 관심에 공감하면서.

청 년 아니, 그 존경을 표하는 이유가 못마땅하다고요. 요컨대 존경하는 것으로 자존심을 세워주라는 말씀이죠? 그거야말로 아이들을 무시하는 발상입니다!

철학자 자네는 아직도 내 이야기를 절반밖에 이해하지 못했군. 나는 자네에게 일방통행식으로 '존경'하라는 게 아닐세. 오히려 학생들에게 '존경'을 가르쳐주기를 바라네.

청 년 존경을 가르치라?

철학자 그래. 자네가 몸소 실천함으로써 존경한다는 것이 무엇인지를 보여주는 거지. 존경이라는, 인간관계의 토대가 되는 방법을 제시해주고, 존경이 바탕이 되는 관계의 기본 방향을 알려주는 걸세. 아들러는 말했네. "공포는 전염된다. 그리고 용기도 전염된다." 당연히 '존경' 또한 전염될 걸세.

청 년 전염이 된다고요? 용기도, 존경도?

철학자 그래. 시작하는 것은 자네라네. 이해해주는 사람이 없어도, 동참해주는 사람이 없어도, 일단은 자네가 횃불에 불을 붙이고 용기를, 존경을 보여야 하네. 그 횃불이 닿는 곳은 반경 몇 미터에 불과하겠지. 아무도 없는, 홀로 밤길을 걷는 기분일 거야. 하지만 자네가 들어 올린 불은 수백 미터 떨어진 누군가의 눈에 띄게 될 걸세. 저기에 사람이 있다, 저기에 빛이 있다, 저기에 길이 있다. 이윽고 자네 주변에는 몇십 몇백이라는 빛이 모일 거야. 그 빛이 비추는 것은 몇십 몇백의 동료들인 셈이지.

청 년 ……아, 대체 무슨 바보 같은 말이에요! 즉 그거네요. 우리 교육자들에게 주어진 역할은 아이들을 존경하고, 존경이란 무엇인가를 제시하고, 존경을 가르쳐 주는 것이다?

철학자 그렇네. 교육뿐 아니라 모든 인간관계의 첫걸음이 거기에 있네.

청 년 아니아니, 대체 자식을 몇 명이나 기르고, 얼마나 많이 카운슬링을 했는지는 모르겠지만요, 역시 선생님은 사방이 막힌 서재에 틀어박혀 사는 철학자네요. 현대 그리고 현실 사회와 학교에 대해서는 아무것도 모른다고요! 아시겠어요, 학교교육이 추구하는 것은, 자본주의 사회에서 추구하는 것은 인격이라든지 막연한 '인간 이해'라든지 하는 게 아니에요. 보호자는 그리고 사회는, 눈에 보이는 숫자를 원합니다. 교육 현장이라면 학력 향상이지요!

철학자 그래, 그건 그렇지.

청 년 아무리 학생들에게 선망의 대상이 되어도 학력을 향상시키지 못하는 교육자는 교사 자격이 없다고 낙인이 찍힙니다. 그런 건 친구끼리 모인 적자 기업과도 같아요! 학생들의 숨통을 조여서라도 학력 향상에 기여한 교육자는 박수갈채를 받는 법입니다! 더구나 문제는 또 있죠. 내내 야단을 맞았던 학생들조차도 나중에 "그때 엄하게 가르쳐주셔서 고맙습니다"라고 한다고요! 엄하게 지도해줘서 꾸준히 공부할 수 있었다, 그건 사랑의 매였다, 하며 본인이 인정하고 감사까지 하는걸요! 이런 현실을 선생님은 어떻게 설명할 겁니까?

철학자 당연히 있을 수 있는 이야기라고 생각하네. 오히려 아들러 심리학의 이론을 다시 배우고 익히기 위한 좋은 사례라고 할 수 있지.

청 년 오호, 설명 가능하다는 말씀인가요?

철학자 3년 전에 나눈 논의를 바탕으로 해서 아들러 심리학을 조금 더 깊이 공부해보세. 반드시 많은 걸 깨닫게 될 거야.

아들러 심리학의 중심 개념이자 난해하기 그지없는 '공동체 감각'. 철학자는 이것을 '타인의 눈으로 보고, 타인의 귀로 듣고, 타인의 마음으로 느끼는 것'이라고 말하고 있다. 그리고 여기에는 공감이라는 기술이 필요하고, 공감의 첫걸음은 '타인의 관심사'에 관심을 기울이는 것이라고. 논리상으로는 이해할 수 있다. 하지만 아이의 좋은 이해자(理解者)가 되는 것이 교육자의 일일까? 결국 이건 철학자의 말장난이 아닐까? '다시 배우고 익히자'라는 말을 꺼낸 철학자를 청년은 매섭게 노려보았다.

당신이 변하지 않는 진짜 이유

청 년 묻죠. 아들러의 무엇을 다시 배우고 익히라는 겁니까?

철학자 자신의 말과 행동, 그리고 타인의 말과 행동을 판단할 때는 거기에 숨어 있는 '목적'을 생각한다. 아들러 심리학의 기본 개념이지.

청 년 압니다. '목적론'이죠.

철학자 간단히 설명해줄 수 있겠나?

청 년 해보죠. 과거에 어떤 일이 있었다고 해도 그 일로 인해 뭔가가 결정되는 것은 아니다. 과거의 일로 트라우마가 있든 없든 상관없다. 인간은 과거의 '원인'에 영향을 받아 행동하는 것이 아니라 현재의 '목적'에 맞게 살아간다. 예를 들어 "가정환경이 나빠서 어두운 성격이 되었다"라고 말하는 사람. 이것은 인생의 거짓말이다. 사실은 '다른 사람과 관계를 맺었다가 상처받고 싶지 않다'라는 목적이 먼저고, 그 목적을 이루기 위해 누구와도 관계를 맺지 않는 '어두운 성격'을 택한다. 그리고 본인이 그러한 성격을 갖게 된 핑계로 '과거의 가정환경'을 든다. ……맞나요?

철학자 그래. 계속해보게.

청 년 즉 우리는 과거의 사건에 의해 결정되는 것이 아니라, 그 사건에 '어떤 의미를 부여하는가'에 따라 자신의 삶을 결정한다.

철학자 그대로네.

청 년 그리고 그때 선생님은 이렇게 말씀하셨습니다. 지금까지 살면서 어떤 일이 있었든지 앞으로 인생을 살아가는 데 있어 아무런 관계도 없다. 자신의 인생을 결정하는 것은 '지금, 여기'를 사는 나라고. …… 제가 잘못 이해한 건 아니죠?

철학자 고맙네. 제대로 이해했군. 우리는 과거의 트라우마에 휘둘릴 정도로 나약한 존재가 아닐세. 아들러의 사상은 "인간은 언제나 자아를 결정할 수 있는 존재다"라는 인간의 존엄과 가능성에 대한 강한 신뢰를 바탕으로 하네.

청 년 네, 압니다. 다만 저는 아직 '원인'에서 문제를 찾는 습관을 버리지 못했어요. 모든 것을 '목적'으로 설명하는 것은 어렵습니다. '다른 사람과 관계를 맺고 싶지 않다'라는 목적이 있었을 때는 그 목적이 생긴 '원인'도 어딘가에 있을 테니까요. 제게 목적론은 획기적인 관점이긴 하지만 만능의 진리는 아닙니다.

철학자 그것도 좋겠지. 오늘 밤의 대화를 통해서 무언가 변할지도 모르고, 변하지 않을지도 모르네. 결정하는 건 자네니까, 나는 강요하지 않겠네. 그저 이런 생각도 있구나 하며 들어주게. 우리는 늘 자아를 결정할 수 있는 존재일세. 새로운 나를 선택할 수 있는 존재지. 그럼에도 좀처럼 자기 자신을 바꾸지 못하네. 대체 왜 그럴까? ……자네 생각은 어떤가?

청 년 정말로 변하고 싶지 않기 때문에?

철학자 그렇지. 이는 '변화란 무엇인가' 하는 질문과도 연결된다네. 더 과격한 표현을 쓰자면, 변화란 '죽음 그 자체'인 셈이지.

청 년 죽음, 그 자체?

철학자 가령 지금 자네가 인생에 대해 고민하고 있다고 하세. 자신을 바꾸고 싶다고 하자고. 하지만 자신을 바꾼다는 것은 '지금까지의 나'를 포기하고, '지금까지의 나'를 부정하고, '지금까지의 나'가 다시는 얼굴을 내밀지 않도록, 말하자면 무덤에 묻는 것을 의미한다네. 그렇게 해야 겨우 '새로운 나'로 다시 태어날 수 있으니까. 그렇다면 아무리 현실에 불만이 있다고 해서 '죽음'을 택할 수 있을까? 바닥이 보이지 않는 어둠으로 뛰어내릴 수 있을까? ……그건 그리 간단한 문제가 아니라네. 그래서 인간은 변하지 않으려고, 아무리 괴로워도 '이대로 좋다'고 생각하는 걸세. 그리고 지금 처해 있는 상황을 긍정할 수 있도록 '이대로 좋은' 이유를 찾으면서 살아가는 거라네.

청 년 음.

철학자 그러면 '지금의 나'를 적극적으로 긍정하려고 할 때, 그 사람의 과거는 어떤 톤으로 물들게 될까?

청 년 아, 그게…….

철학자 답은 하나. 즉 자신의 과거에 대해 "이런저런 일이 있었지만 이렇게 되어 다행이다"라고 결론 내리게 되지.

청 년 ……'지금'을 긍정하기 위해 불행했던 '과거'를 긍정한다.

철학자 그래. 조금 전에 자네가 말했던 "그때 호되게 꾸짖어 주셔서 정말 고맙습니다"라고 감사 인사를 하는 사람. 그들은 '지금의 나'를 적극적으로 긍정하려는 걸세. 그 결과, 과거의 모든 것이 좋은 추억이 되는 거지. 그런 인사의 말만 가지고 강권적인 교육을 인정할 수는 없네.

청 년 '이걸로 잘된 것이다'라고 생각하고 싶어서 과거를 좋은 추억으로 기억한다. ……이야, 재미있는데요.

책상 위의 심리학으로서는 아주 흥미로운 고찰이에요. 하지만 그 해석에는 동의할 수 없습니다. 왜냐? 제가 살아 있는 증거니까요. 저는 지금 얘기에 전혀 들어맞지 않아요! 중학교, 고등학교 시절의 엄하고 불합리했던 선생들에게는 지금도 불만이 있으면 있지 감사하는 마음 따위는 전혀 없거든요. 그 감옥 같은 학교생활이 좋은 추억이 되다니, 그럴 리 없습니다!

철학자 그건 자네가 '지금의 나'에 만족하지 않기 때문일세.

청 년 뭐라고요?

철학자 더 모질게 통찰해보자면, 이상과는 거리가 먼 '지금의 나'를 정당화시키기 위해 자신의 과거를 온통 잿빛으로 칠하고 있지. '그런 학교에 다닌 탓에'라든가 '그런 선생이 있었으니까'라고 생각하려고 하네. 그리고 '만약 이상적인 학교에서 이상적인 선생님을 만났더라면 나도 이렇게 되지는 않았을 텐데' 하는 가능성 속에서 살려고 하지.

청 년 무례하시군요! 무슨 근거로 그런 그릇된 추측을!

철학자 과연 그릇된 추측이라고 단정할 수 있을까? 문제는 과거에 무슨 일이 있었느냐가 아니라 그 과거에 '지금의 나'가 어떤 의미를 부여하는가 하는 점이네.

청 년 철회하세요! 선생님이 저에 대해 뭘 아신다고!

철학자 알겠나, 우리의 세계에서는 진정한 의미에서 '과거' 따위는 존재하지 않네. 열 명이 있으면, 그 열 명 각기 다른 '지금'에 의해 채색된 각각의 해석이 있을 뿐이지.

청 년 ……이 세계에 과거란 존재하지 않는다?

철학자 그래. 과거란 돌이킬 수 없는 것이 아니라 순수하게 '존재하지 않는' 것이라네. 거기까지 이해하지 못하면 목적론의 본질에 다가설 수 없어.

청 년 으, 화가 나서 원. 그릇된 추측 다음엔 '과거는 없다'라고요? 그런 허술하기 짝이 없는 말에 넘어갈 줄 압니까! 바라던 바니, 그 허점이란 허점은 모조리 폭로해드리지요!

당신의 '지금'이 과거를 결정한다

철학자 받아들이기 힘든 이론인 건 사실이지. 하지만 냉정하게 차근차근 생각해본다면 반드시 동의하게 될 걸세. 그 외에는 길이 없으니까.

청 년 그놈의 사상 때문에 열이 나서 머리가 터질 것 같아요! 만약 과거가 존재하지 않는다면 '역사'는 왜 필요한 겁니까? 선생님이 좋아해 마지않는 소크라테스와 플라톤도 존재하지 않았다고요? 그런 말씀을 하니까 비과학적이라고 비웃음을 사는 거예요!

철학자 역사란 시대의 권력자에 의해 계속 수정되는 거대한 이야기라네. 역사는 항상 시대의 권력자들의 "나야말로 정의다"라는 논리에 의해 교묘히 수정되어 왔지. 온갖 연표와 역사서는 당시 정권을 잡은 권력자의 정통성을 증명하기 위해 편찬된 위서인 셈이지. 역사 안에서는 늘 '지금'이 옳기 때문에 한 권력이 스러지면 새로운 권력자가 나타나 과거를 다시 쓰려고 하네. 그저 자신의 정통성을 설명하기 위해서. 거기에 본래 의미의 '과거'는 존재하지 않는다네.

청 년 하지만……!

철학자 가령 어느 나라에 무장집단이 쿠데타를 도모했다고 하세. 진압당하고 쿠데타가 실패로 끝나는 경우, 그들은 역적이 되어 역사에 오명으로 남을 테지. 반대로 쿠데타가 성공해서 정권을 타도한 경우, 그들은 압제 정치에 맞선 영웅으로 역사에 이름을 남길 걸세.

청 년 ……역사는 늘 승자가 다시 쓰는 거니까요?

철학자 우리 개인들도 마찬가지라네. 인간은 누구나 '나'라는 이야기의 편찬자이고, 그 과거는 '지금의 나'의 정통성을 증명하기 위해 자유자재로 다시 쓸 수 있네.

청 년 아뇨! 개인은 다릅니다! 개인의 과거 그리고 기억은 뇌 과학의 영역입니다. 선생님 같은 시대에 뒤떨어진 철학자가 나설 자리가 아니에요!

철학자 기억에 관해 이렇게 생각해보게. 인간은 과거에 일어난 방대한 사건 중에 지금의 '목적'에 합치되는 사건만을 골라서 의미를 부여하고 기억으로 삼는다. 거꾸로 말하자면 지금의 '목적'에 반하는 사건은 지워버리는 거지.

청 년 뭐라고요?!

철학자 사례 하나를 소개하지. 전에 카운슬링을 했던 한 남성이 어린 시절의 기억으로 "개에게 습격을 당해서 다리를 물렸습니다"라고 했네. 그의 어머니는 평소에 "들개를 만나면 꼼짝 말고 가만히 있어. 도망치면 쫓아오니까"라고 신신당부했다더군. 옛날에는 들개가 많았거든. 그리고 어느 날, 그는 길에서 들개를 만났네. 같이 있던 친구들은 다 도망갔지만, 그는 어머니가 일러준 대로 그 자리에 가만히 있었네. 그런데 들개가 달려들어 다리를 문 거야.

청 년 선생님은 그 기억이 지어낸 거짓말이란 겁니까?

철학자 거짓말은 아닐세. 실제로 물렸겠지. 근데 그 뒤의 이야기가 또 있네. 카운슬링을 거듭하는 동안 그는 그 뒤에 있었던 일을 생각해냈지. 개에 물려 쓰러져 있는데, 자전거를 타고 지나가던 한 남성이 그를 일으켜 세운 후 그대로 병원까지 데리고 갔다는 거야. 카운슬링을 시작할 때 그는 '세계는 위험한 곳이고 사람들은 내 적이다'라는 생활양식(lifestyle, 세계관)을 갖고 있었네. 그런 그에게 개에 물린 기억은 이 세계가 위험으로 가득한 곳이라는 사실을 상징하는 사건이었지. 하지만 차츰 '세계는 안전한 곳이고, 사람들은 내 친구다'라고 생각하다 보니 이를 뒷받침하는 상황이 불현듯 떠올랐던 거야.

청 년 음.

철학자 그는 개에 물렸던 걸까, 아니면 다른 사람의 도움을 받았던 걸까? 아들러 심리학을 '사용의 심리학'이라고 하는 이유는 이렇게 '자신의 삶을 택할 수 있다'는 점 때문이라네. 과거가 '지금'을 정하는 것이 아닐세. 자네의 '지금'이 과거를 정하는 것이지.

나쁜 그 사람, 불쌍한 나

청 년 ……우리는 자신의 삶을 선택하고, 자신의 과거를 선택한다고요?

철학자 그래. 어떤 인간도 순풍에 돛 단 듯이 순탄한 인생을 살진 않아. 누구나 슬픈 일도 겪고, 좌절도 하고, 이가 갈릴 정도로 분통 터지는 일을 당하기도 하지. 그렇다면 왜 과거에 겪은 비극을 '교훈'이나 '기억'으로 말하는 사람이 있는가 하면, 현재까지도 그 일을 털어내지 못하고 어쩔 수 없는 트라우마에 시달리는 사람이 있는 것일까? 이는 과거에 사로잡힌 것이 아니네. 그 과거를 스스로가 필요로 하는 거지. 더 가혹하게 말한다면, 비극이라는 안주에 취해서 불행한 '지금'의 괴로움을 잊으려는 것이지.

청 년 그만 좀 하세요, 이 뻔뻔한 인간 같으니라고! 비극을 안주 삼다니! 선생님의 말씀은 모든 게 강자의 논리, 승자의 논리에 불과해요! 선생님은 학대당한 사람의 고통을 이해하지 못해요. 학대당한 사람에게 굴욕을 주고 있다고요!

철학자 그렇지 않네. 나는 인간의 가능성을 믿네. 그래서 비극에 취하는 것을 부정하는 걸세.

청 년 아니요, 선생님이 어떤 인생을 살아왔는지 몰랐는데, 이제 겨우 알 것 같네요. 결국 선생님은 큰 좌절도 없이, 거대한 부조리도 겪어보지 않은 채 뜬구름 잡는 것 같은 철학의 세계에 발을 들이셨어요. 그래서 사람들이 입은 마음의 상처를 그렇게 무시하는 거예요. 아주 복 받은 사람이라고요!

철학자 ……좀처럼 받아들이지 못하는 것 같군. 그러면 이걸 좀 해보게나. 우리가 가끔 상담할 때 사용하는 삼각주라네.

청 년 오, 재미있겠네요. 뭡니까, 이게?

철학자 이 삼각주는 우리의 마음을 보여주네. 지금 자네가 앉은 자리에서는 세 면 중 두 면만 보일 거야. 각 면에 뭐라고 적혀 있지?

청 년 한 면에는 '나쁜 그 사람', 다른 면에는 '불쌍한 나'라고.

철학자 그래. 카운슬링을 받으러 오는 사람들은 대부분 이 둘 중에 하나의 이야기를 내내 하다 가지. 자신에게 닥친 불행을 하소연하거나, 자신을 탓하는 다른 사람에 대한, 혹은 자신이 속한 사회에 대한 증오를 털어놓지. 카운슬링뿐 아닐세. 가족이나 친구와 이야기할 때, 고민거리를 털어놓을 때, 내가 어떤 이야기를 하고 있는지 자각하기란 그리 쉽지 않네. 하지만 이렇게 시각화하면 결국 이 두 가지밖에 말하지 않은 것을 알 수 있네. 분명 자네도 마음에 짚이는 데가 있을 거야?

청 년 ……'나쁜 그 사람'을 비난하느냐, '불쌍한 나'를 어필하느냐. 뭐, 그렇게 말할 수도 있겠지요…….

철학자 그런데 우리는 이에 관해 서로 이렇다 저렇다 논할 필요가 없다네. 자네가 아무리 '나쁜 그 사람'에 대한 동의를 구하고 '불쌍한 나'를 알아달라고 해도, 그리고 그 말을 들어주는 사람이 있다고 해도, 일시적인 위로는 될지언정 본질을 해결하지는 못하니까.

청 년 그럼 어떡하라고요!

철학자 삼각주의, 지금은 보이지 않는 또 다른 면. 거기엔 뭐라고 적혀 있을 것 같나?

청 년 에이, 재지 말고 보여주세요!

철학자 알았네. 뭐라고 적혀 있는지, 소리 내어 읽어보게.

철학자가 보여준 삼각주로 접힌 종이. 청년의 자리에서는 세 개의 면 중 두 개의 면만 보일 뿐이었다. 한쪽에는 '나쁜 그 사람', 다른 한쪽에는 '불쌍한 나'라고 적혀 있었다. 철학자의 말에 따르면, 고민을 호소하는 사람이 하는 말은 결국 둘 중 하나라고 한다. 철학자는 마침내 그 가는 손가락으로 천천히 삼각주를 돌려서 마지막 한 면에 적혀 있는 말을 보여주었다. 청년의 심장을 후벼 파는 듯한 그 말을.

'앞으로 어떻게 할 것인가'에 집중하라

청 년 ……!!

철학자 자, 소리 내어 읽어보게.

청 년 ……앞으로 어떻게 해야 할까.

철학자 맞아. 우리가 의논해야 할 것은 '앞으로 어떻게 할 것인가' 이것뿐일세. '나쁜 그 사람' 같은 건 필요 없어. '불쌍한 나'도 필요 없고. 자네가 아무리 큰 소리로 떠들어봤자 나는 흘려듣겠지.

청 년 선생님은 사람도 아니에요!

철학자 내가 냉담한 사람이라 그런 것은 아니라네. 그 부분에 대해서는 논의해야 할 것이 없으니 흘려듣는 것이지. 설령 내가 '나쁜 그 사람'이나 '불쌍한 자네'에 대한 이야기를 듣고서 "거 참, 힘들었겠군" 혹은 "자넨 아무 잘못도 없어"라고 동조하면 잠깐 마음은 편안해지겠지. 카운슬링 받기를 잘했다, 이 사람에게 털어놓기를 잘했다, 하고 만족할지도 몰라. 그런데, 그래서 내일부터 매일이 어떻게 달라질까? 다시 상처받으면 위안받고 싶어지지 않을까? 결국 그것은 '의존'이 아닐까? ……그렇기에 아들러 심리학에서는 '앞으로 어떻게 할 것인가'를 논의하는 걸세.

청 년 하지만 나의 '앞으로'를 진지하게 생각하려면, 먼저 전제가 되는 '지금까지'를 알아야 할 필요가 있다고요!

철학자 아니지. 자네는 지금 내 눈앞에 있네. '눈앞에 있는 자네'를 알면 그걸로 충분하고, 원론적으로 나는

'과거의 자네'가 어땠는지 알 필요가 없네. 거듭 말하지만, 과거 따위는 존재하지 않아. 자네가 말하는 과거는 '지금의 자네'가 교묘히 편찬한 이야기에 불과해. 그 점을 이해하기 바라네.

청 년 아뇨! 선생님은 그저 적당한 논리를 대서 "우는소리 그만해"라고 비난할 뿐이에요! 인간의 약함을 인정하지 않고, 인간의 나약함을 알려고 하지 않고, 오만한 강자의 이론만 밀어붙이고 있다고요!

철학자 그렇지 않네. 가령 평소 우리 카운슬러들은 이 삼각주를 상담자에게 건네주기도 한다네. 그리고 "무슨 말을 하든 상관없으니, 지금부터 말하고자 하는 내용을 골라서 보여주세요"라고 요청하지. 그러면 많은 사람이 '앞으로 어떻게 할 것인가'를 고르고, 그 말할 내용을 생각하기 시작한다네.

청 년 스스로, 말인가요?

철학자 다른 종류의 카운슬링을 보면, 과거를 거슬러 올라가서 감정을 폭발시키는 등 충격요법 같은 것을 쓰는 곳도 있더군. 그런데 그렇게까지 할 필요가 뭐 있나. 우리는 사기꾼도 아니고, 마법사도 아닐세. 거듭 말하지만, 아들러 심리학에 '마법'은 없어. 신비한 마법이 아니라 건설적이고 과학적인, 인간에 대한 존경을 토대로 하는 인간 이해의 심리학. 그것이 아들러 심리학이라네.

청 년 ……후훗, 일부러 다시 '과학적'이란 말을 사용하신 거죠?

철학자 그렇네.

청 년 좋아요. 받아들이죠. 그 말씀, 지금은 받아들이겠습니다. 그러면 이제 제게 가장 중요한 문제라고 할 수 있는 '앞으로'에 관해, 교육자로서의 내일에 대해 이야기를 나눠보죠!

— 두 번째 이야기 —

왜 상과 벌을 부정하는가

철학자와의 대화가 그렇게 간단히 결론 나지 않으리라. 그것은 청년도 알고 있었다. 특히 논의가 추상적으로 흐르면 소크라테스를 자처하는 이 남자는 이가 갈릴 정도로 만만치 않다. 하지만 청년에게는 확실한 승산이 있었다. 지금까지 나눈 논의를 한시라도 빨리 이 서재로부터 갖고 나가서 교실 속 상황에 집어넣는 것. 속세의 현실을 낱낱이 보여주지. 나는 막무가내로 아들러를 비판하는 것이 아니다. 현실에서 동떨어진 뜬구름 같은 이론을 사람들이 사는 지상으로 끌어내리고 싶은 것이다. 청년은 의자를 끌어당겨 앉고는 숨을 크게 들이마셨다.

교실은 하나의 민주주의국가다

청 년 이 세계에 과거 따위는 존재하지 않는다. 비극이라는 안주에 취해서는 안 된다. 우리가 같이 논의해야 할 것은 오로지 '앞으로 어떻게 할 것인가' 뿐이다. 좋아요, 그 전제를 기준으로 놓고 논의해보죠. 제게 주어진 '앞으로'의 과제라고 하면, 학교에서 어떤 교육을 펼칠 것인가 하는 문제입니다. 바로 논의에 들어가도 괜찮겠습니까?

철학자 물론일세.

청 년 좋습니다. 조금 전에 선생님은 구체적인 첫걸음으로 "존경부터 시작하라"고 하셨죠? 그러니 묻겠습니다. 선생님은 교실에 '존경'만 들이면 모든 것이 해결되리라고 생각하십니까? 즉 학생들이 아무런 문제도 일으키지 않을 거라고요.

철학자 그것만으로는 안 되겠지. 문제는 생길 걸세.

청 년 그렇다면 역시 야단을 쳐야겠죠? 왜냐하면 그 학생들은 못된 짓을 해서 다른 학생들에게 피해를 주니까요.

철학자 아니, 야단쳐서는 안 되네.

청 년 그러면 못된 짓을 보고도 그냥 내버려두란 말입니까? 그것은 도둑을 잡지 마라, 도둑을 벌하지 마라, 하는 것과 뭐가 다릅니까? 아들러는 그런 무법지대를 용인하는 건가요?

철학자 아들러의 주장은 법이나 규칙을 무시하라는 것이 아닐세. 다만 그러한 법을 제정할 때는 민주적 절차를 따라야 한다는 뜻이지. 이는 사회 전체적으로도 그리고 학급 운영에 있어서도 아주 중요한 핵심이라네.

청 년 민주적 절차?

철학자 그래. 자네의 반을 하나의 민주주의국가라고 생각하는 걸세.

청 년 오, 무슨 뜻이죠?

철학자 민주주의국가에서 '주권'은 국민에게 있지? '국민주권(國民主權)' 혹은 '주권재민(主權在民)'이라는 원칙이지. 주권자인 국민이 서로 합의한 의견을 바탕으로 다양한 법이 제정되고, 그 법은 전 국민에게 평등하게 적용되네. 그래서 사람들이 법을 준수하는 거라네. 마지못해 따르는 것이 아니라 보다 능동적으로 '우리들이 만든 법'을 준수하는 거지. 그런데 만약 국민의 합의도 거치지 않고, 누군가가 독단으로 법을 만들고, 더 나아가 그 법을 불평등하게 적용한다면 어떻게 될까?

청 년 그러면 국민도 가만있지는 않겠죠.

철학자 그러한 반발을 누르기 위해 독재자는 유형무형의 '힘'을 행사할 수밖에 없네. 이는 국가에만 한정되는 이야기가 아니라 기업이나 가정에서도 마찬가지야. 누군가 '힘'으로 억누르는 조직은 그 밑바탕에 '불합리'가 도사리고 있다고 봐야겠지.

청 년 음, 과연.

철학자 교실도 마찬가지야. 교실이라는 공간의 주권자는 교사가 아니라 학생들일세. 그리고 교실의 규칙은 주권자인 학생들의 합의를 통해 제정되어야 하네. 일단은 그러한 원칙을 가지고 출발해야지.

청 년 여전히 말을 복잡하게 하시네요. 요컨대 학생들의 자치를 인정하란 건가요?

철학자 아니, 이는 더 근원적인 이야기일세. 교실을 하나의 국가로 본다면 학생들은 '국민'이 되겠지. 그렇다면 교사는 어떤 위치에 있는 사람일까?

청 년 글쎄요. 학생들이 국민이라면, 교사는 국민을 통솔하는 리더, 수상이나 대통령 같은 위치라고 봐야겠지요.

철학자 그건 이상하지. 자네는 학생들의 투표를 통해서 뽑힌 건가? 선거라는 제도도 거치지 않은 채 대통령이라 자처한다면 그 나라는 민주주의국가가 아니야. 그저 독재국가지.

청 년 뭐, 이론적으로는 그렇죠.

철학자 나는 이론이 아니라 현실을 말하는 걸세. 학급은 교사가 통치하는 독재국가가 아니야. 학생들 한 사람, 한 사람을 주권자로 하는 민주주의국가지. 그 원칙을 잊은 교사들이 저도 모르는 사이에 독재를 펼치고 있다네.

청 년 하하, 제가 파시즘에 물들었다는 건가요?

철학자 극단적으로 말하면, 그렇다네. 자네 반이 통제가 불가능할 정도로 무질서해졌다면, 그것은 학생들 개인의 문제가 아니야. 자네에게 교사로서의 자질이 부족해서도 아니고. 그저 그곳이 부패한 독재국가가 되었기 때문에 통제가 안 되는 것이지. 독재자가 이끄는 조직은 부패할 수밖에 없다네.

청 년 시비는 그만 거시죠! 도대체 뭘 근거로 그런 트집을 잡으십니까!

철학자 근거야 확실하지. 자네가 그 필요성을 누차 강조했던 '상벌' 말이야.

청 년 뭐라고요?!

철학자 그 이야기가 하고 싶은 것이지 않나? 칭찬하는 것과 야단치는 것에 대한 이야기를.

청 년 ……재미있군요. 먼저 싸움을 걸어오시다니! 교육에 관해서는, 특히 교실 안에서 벌어지는 일들에 관해서는 저도 충분한 현장 경험이 있다고요. 그 무례하기 짝이 없는 주장을 반드시 철회하게 해드리죠!

철학자 그래, 충분히 논의해보세.

칭찬하지도 야단치지도 말라

청 년 아들러는 상벌을 금합니다. 칭찬해서도 안 되고, 야단쳐서도 안 된다고 딱 잘라 말하죠. 왜 그런 무책임한 주장을 할까요? 아들러는 이상과 현실 사이의 차이가 얼마나 큰지 알고 있었을까요? 제가 알고 싶은 건 그겁니다.

철학자 과연. 확인해두는데, 자네는 칭찬하는 것도 야단치는 것도 필요하다고 생각하나?

청 년 당연하죠. 설령 학생들로부터 미움을 받는다고 해도 야단칠 때는 쳐야 합니다. 잘못된 것은 바로잡아야 해요. 아, 그 전에 '야단치는 것'이 옳은지 그른지 따져보지요.

철학자 알았네. 왜 야단을 치면 안 되는 걸까? 사례별로 나누어서 생각해볼 필요가 있겠군. 먼저 아이가 뭔가 나쁜 짓을 했네. 위험한 일, 다른 사람에게 해를 끼치는 일, 혹은 범죄에 가까운 일을 저질렀지. 대체 왜 그런 짓을 했을까? 그때 첫 번째로 생각할 수 있는 것은 '그게 나쁜 짓이라는 것을 몰랐을' 가능성일세.

청 년 몰랐다고요?

철학자 그래. 내 이야기를 해보지. 어린 시절, 나는 어디에 가든 돋보기를 들고 다녔네. 곤충을 발견해도 들여다보고, 식물을 발견해도 들여다보는 등 육안으로 보이지 않는 세계를 마음껏 관찰하며 시간을 보냈지. 그 어린나이에 곤충박사라도 된 양 관찰에 푹 빠져서.

청 년 좋은데요, 제게도 그런 시절이 있었지요.

철학자 그런데 얼마 지나지 않아 돋보기의 새로운 용도를 알게 되었네. 검은 종이에 초점을 맞춰 빛을 쪼이면 종이에서 연기가 피어오르고 곧 타기 시작한다는 것을 말이야. 마치 마술과도 같은 과학의 힘을 목격하고 내 가슴은 활활 타올랐네. 그리고 더는 돋보기를 확대경으로는 쓰지 않게 되었지.

청 년 그게 뭐 어때서요? 맨땅을 기어 다니는 곤충을 관찰하는 것보다 훨씬 나은걸요. 조그만 돋보기를 입구

삼아 태양의 힘에 마음을 빼앗기고, 심지어 우주로까지 호기심이 뻗어나간다. 과학 소년의 첫걸음이죠.

철학자 그렇게 검은 종이를 태우며 놀던 어느 무더운 여름날이었네. 평소와 마찬가지로 땅 위에 검은 종이를 놓고 돋보기로 빛을 쪼이며 놀고 있는데, 개미 한 마리가 내 시선을 끌었네. 아주 까맣고, 단단한 갑옷으로 온몸을 감싼 덩치 큰 개미였지. 슬슬 검은 종이에 빛 쪼이기도 싫증 나기 시작한 내가 돋보기를 가지고 '검은' 개미에게 무슨 짓을 했을까? ……더 이상 설명할 필요는 없겠지.

청 년 ……압니다. 뭐, 아이란 잔인한 존재지요.

철학자 그래. 아이들은 종종 이렇게 곤충을 죽이는 잔인함을 보이지. 그런데 정말로 아이는 잔인한 존재일까? 가령 프로이트가 말하는 '공격 욕동(aggressive drive)'[1] 같은 것이 숨어 있는 것일까? 나는 그렇게 생각하지 않네. 아이들은 잔인한 존재가 아니라 그저 '모르는' 걸세. 생명의 가치도, 타인의 고통도. 그렇

---

1 프로이트는 공격성(aggression)이 삶에 대한 동력으로 작용한다고 보았다. 살기 위해서는 외부 환경으로부터 자신을 지켜야 하는데, 이러한 자기방어 기제가 '공격성'으로 나타난다는 것이다. 여기서 욕동(欲動, drive)이란 인간의 마음을 움직이는 요소로 '욕구를 움직인다'라는 뜻으로 해석할 수 있다.

다면 어른들이 해야 할 일은 하나일세. 생명의 가치와 타인의 고통을 모르면 가르쳐주면 되지. 그리고 가르칠 때 질책은 필요 없네. 이러한 원칙을 잊지 말게. 그 아이는 나쁜 짓을 한 것이 아니라 그저 몰랐던 것뿐이라는.

청 년 공격성이나 잔인함이 아닌 무지함에서 비롯된 죄라고요?

철학자 철길 위에서 노는 아이들은 그런 행위가 위험하다는 걸 모를 수도 있지. 공공장소에서 큰 소리로 떠드는 아이는 그런 행동이 남에게 피해를 준다는 사실을 모를 수도 있고. 그 외에 어떤 일이든 우리는 누구나 '모른다'라는 전제에서 출발해야 하네. '모른다'는 사실로 심하게 꾸짖다니, 이치에 어긋난다고 생각하지 않나?

청 년 뭐, 정말 모른다면요.

철학자 우리 어른들이 해야 할 일은 질책이 아니라 가르쳐주는 것이라네. 감정적이 되어서도, 큰 소리를 내어서도 안 되고 이성(理性)의 말로서. 자네가 그것을 하지 못하리라고는 생각하지 않네.

청 년 조금 전 사례만 생각한다면 그렇겠지요. 아무리 선생님이라도 개미를 죽인 자신의 잔인함을 인정할 수는 없을 테니까요! 하지만 도저히 그냥은 받아들일 수 없어요. 마치 목구멍에 달라붙은 시럽처럼 마음에 걸려요. 선생님은 인간을 너무 순진하게만 보고 있다고요.

철학자 순진하다니?

청 년 유치원생이라면 몰라도 초등학생, 나아가 중학생쯤 되면 모두 '알고서' 저지른단 말입니다. 뭐가 금지되어 있는지, 무엇을 부도덕하게 여기는지 진즉에 파악하고 있다고요. 그 아이들은 다 알고 문제행동을 하는 거예요. 그런 죄에 대해서는 엄벌을 내려야 한다고요. 아이라면 무조건 순진무구한 천사로 보려는 그 노인네 같은 태도는 그만 버리시라고요!

철학자 분명 좋지 않은 줄 알면서도 문제행동을 하는 아이들도 많네. 오히려 문제행동의 대부분이 그렇지. 근데 좀 이상하지 않나? 그 아이들은 그런 행동이 '좋지 않다'라는 걸 알 뿐 아니라, 그렇게 하면 부모님과 선생님에게 야단맞을 일이라는 걸 알면서도 문제행동을 하네. 너무 비합리적이지 않은가?

청 년 단순해서 그래요, 결국. 조금만 깊이 생각하면 알 수 있을 텐데.

철학자 과연 그럴까? 더 깊은 곳에 다른 심리가 작용한다고 볼 수는 없을까?

청 년 야단맞을 걸 알면서 그런다고요? 야단맞고 우는 아이도 있는데요?

철학자 그럴 가능성을 생각해보는 것이 결코 쓸데없는 일은 아닐 거야. 현대 아들러 심리학에서는 인간의 문제행동에 대해 그 배후에 작용하는 심리를 5단계로 나누어 생각한다네.

청 년 오, 이제 겨우 심리학다운 논의를 하게 되나요.

철학자 '문제행동의 5단계'를 이해하면 야단치는 것이 옳은지 그른지에 대한 답도 구할 수 있을 걸세.

청 년 들어보죠. 선생님이 얼마만큼 아이들을 이해하고, 교육 현장을 이해하고 있는지 가늠해보게요!

철학자의 논리는 엉터리다! 청년은 분노에 사로잡혔다. 교실은 작은 민주주의국가다. 그리고 교실의 주권자는 학생들이다. 여기까진 좋다. 하지만 왜 '상벌은 필요 없다'고 하는 걸까. 교실이 국가라고 한다면, 거기에는 법이 필요하지 않은가. 그리고 법을 어기고 죄를 짓는 자가 있다면 벌이 필요하지 않은가. 청년은 수첩에 '문제행동의 5단계'라는 글을 적고 나서 미소를 지었다. 아들러 심리학이 현실 세계에서 통용되는 학문인지, 아니면 탁상공론에 불과한지, 이 자리에서 판단해주마.

문제행동의 '목적'을 파악하라

철학자 왜 아이들은 문제행동을 할까? 아들러 심리학이 주목하는 것은, 거기에 숨은 '목적'일세. 즉 아이들—이는 아이들에게만 해당되는 이야기는 아니지만—이 어떤 목적을 가지고 문제행동에 나서는지를 5단계로 나눠 생각해보는 걸세.

청 년 5단계란 것은, 점차 심해진다는 뜻인가요?

철학자 그렇지. 그리고 인간의 문제행동은 전부 이 5단계 중 하나에 해당되네. 더 심해지기 전에, 되도록 이른 단계에서 대책을 강구하지 않으면 안 돼.

청 년 좋습니다. 그럼 첫 단계부터 가르쳐주세요.

철학자 문제행동의 1단계, 그것은 '칭찬 요구'라네.

청 년 칭찬 요구요? 즉 '나를 칭찬해달라'는 겁니까?

철학자 그래. 부모나 교사에게 혹은 그 외 다른 사람에게 '착한 아이'를 연기하지. 조직에서 일하는 사람이라면 상사나 선배에게 의욕적인 모습, 순종적인 모습을 보이려고 애쓰지. 그렇게 해서 칭찬을 받으려고 해. 입구는 모두 거기라네.

청 년 오히려 바람직한 자세가 아닙니까? 누구에게 피해를 주는 것도 아니고, 생산적인 활동에 임하고 있잖아요. 다른 사람을 도울 수도 있고요. 문제로 삼는 이유를 모르겠네요.

철학자 분명 개별 행위로 보자면, 그들은 아무런 문제도 없는 '착한 아이'나 '우등생'으로 비칠 거야. 실제로 아이들이라면 학업이나 운동에, 직장인이라면 일에 열심일 테니 당연히 칭찬하고 싶어지겠지. 하지만 여기엔 큰 함정이 있어. 그들의 목적은 어디까지나 '칭찬받는 것', 더 구체적으로 말하자면 '공동체 안에서 특권적 지위를 얻는 것'이라네.

청 년 하하, 동기가 불순해서 인정할 수 없다는 말인가요? 이런 나이브한 철학자라니. 설령 '칭찬받는 것'이 목적이었다고 한들 결과로 보면 면학에 힘쓰는 학생이잖아요? 뭔가 문제란 겁니까?

철학자 그러면, 그렇게 노력했음에도 부모나 교사, 상사나 동료가 칭찬하지 않는다면 어떤 일이 벌어질까?

청 년 ……불만을 품거나, 경우에 따라서는 분개하겠죠.

철학자 그래. 알겠나, 그들은 '착한 행동'을 하는 게 아닐세. 그저 '칭찬받는 일'을 하는 것뿐이네. 그리고 누구에게도 칭찬받지 못하면, 특별한 대우를 받지 못하면, 이런 노력은 의미 없다, 그렇게 여기고 당장 의욕을 잃지. 그들은 '칭찬해주는 사람이 없으면 적절한 행동을 하지 않는다', '벌을 주는 사람이 없으면 부적절한 행동을 할 수 있다'라는 생활양식(세계관)이 몸에 배어 있는 걸세.

청 년 뭐, 그럴 수도 있겠지만…….

철학자 게다가 주변이 기대하는 '착한 아이'로 보이려고 커닝을 하거나 거짓된 일을 꾸미는 등의 부정행위에 나서는 것도 이 단계의 특징일세. 교육자나 리더는 사람들의 '행위'에만 주목할 게 아니라 그 '목적'도 살펴야 하네.

청 년 하지만 칭찬하지 않으면 의욕을 잃고 아무것도 하지 않는 아이가 됩니다. 경우에 따라서는 부적절한 행동을 하는 아이가 될 수도 있다고요.

철학자 아니. '특별'하지 않아도 가치가 있다고 가르쳐주어야 하네. '존경'을 보여줌으로써.

청 년 구체적으로 어떻게요?

철학자 어떤 '착한 행동'을 했을 때에만 주목하는 것이 아니라 평소에 무슨 말을 하고 어떤 행동을 하는지, 그런 사소한 것에 더 주목하는 거지. 그리고 그 사람의 '관심사'에 주목하고 공감하는 것. 그것뿐일세.

청 년 아아, 그 얘기로 돌아가는 건가요. 아무래도 문제행동으로 꼽기에는 위화감이 드는 이야기입니다만, 뭐 괜찮습니다. 다음 2단계는요?

철학자 문제행동의 2단계는 '주목 끌기'라네.

청 년 주목 끌기요?

철학자 기껏 '착한 행동'을 했는데 칭찬받지 못했다. 반에서 특권적인 지위를 얻는 데 실패했다. 아니면 애초에 '칭찬받는 일'을 해내기 위한 용기와 끈기가 부족했다. 그럴 때 인간은 '칭찬받지 않아도 되니까, 어쨌든 주목을 끌자'라고 생각한다네.

청 년 못된 짓이나 야단맞을 짓을 해서라도?

철학자 그렇다네. 이미 그들은 칭찬받기를 원하지 않아. 어떻게 하면 주목받을 수 있을까, 그것만 생각하지. 단

하나 주의해야 할 것은, 이 단계에서 아이들의 행동 원리는 '못된 행동'이 아니라 '주목받는 행동'이라는 점일세.

청 년 주목받아서 어떻게 하게요?

철학자 반에서 특권적인 지위를 얻으려는 것이지. 자신이 속한 공동체 안에서 확고히 '있을 곳'을 원하네. 진정한 목적은 거기에 있지.

청 년 다시 말해, 학업 같은 정공법이 통하지 않으니까 다른 수단을 이용해 '특별한 나'가 되려고 하는 거군요. '착한 아이'로서가 아니라 '못된 아이'로서 특별해지려고 하는. 그렇게 자신이 있을 곳을 확보하는.

철학자 자네 말대로네.

청 년 뭐, 그 나이 때라면 조금은 '못된 아이'로 있는 것이 아이들 사이에서는 높게 평가받는 면도 있으니까요. 그래서 구체적으로 어떻게 주목을 끈다는 거죠?

철학자 적극적인 아이들은 사회나 학교에서 정한 사소한 규칙을 깨는 것, 말하자면 '짓궂은 장난'을 쳐서 주목을 받으려고 하겠지. 수업 중에 시끄럽게 떠든다든가, 교사를 놀리거나 물고 늘어진다든가. 절대로 어른들의 역린을 건드리는 데까지는 이르지 않지만.

우리는 능력이 부족한 것이 아니라
능력을 발휘할 용기가 충분하지 않은 것이다.
그래서 미성년 상태에서 벗어나지 못하는 것이다.

반에서 웃기는 아이로 인기를 모으며 교사와 친구들의 사랑을 받는 아이도 적지 않지. 반대로 소극적인 아이들은 성적이 몰라보게 떨어진다거나, 자꾸 뭔가를 흘리고 다닌다거나, 걸핏하면 울어서 주목을 받으려고 하네. '모자란 아이'로 행동함으로써 주목을 끌고 특별한 지위를 얻으려고 하지.

청 년 그래도 수업을 방해하거나 자꾸 뭔가를 흘리고 다닌다면 호되게 야단을 맞을 텐데요. 야단맞아도 괜찮다는 겁니까?

철학자 존재를 무시당할 바에야 야단을 맞는 편이 훨씬 낫지. 설령 야단을 맞더라도 존재를 인정받고 특별한 지위에 오르고 싶다. 그것이 아이들이 바라는 거라네.

청 년 거 참 어렵네! 아이들의 심경이 꽤나 복잡하군요.

철학자 아니, 이 2단계에 해당되는 아이들은 외려 단순한 원리에 따라 살고 있어서 대처하기가 그리 어렵지 않네. 아이들에게 '존경'을 표함으로써 특별해질 필요가 없다, 지금 이대로도 충분히 가치가 있다고 가르쳐주면 되니까. 문제는 3단계부터라네.

청 년 오, 어떤 거죠?

반항하는 것은 권력투쟁을 하는 것이다

철학자 문제행동의 3단계. 여기서 그들은 '권력투쟁'에 돌입하네.

청 년 권력투쟁?

철학자 누구의 말도 듣지 않고, 끊임없이 도발하고 싸움을 걸지. 그 싸움에서 이김으로써 '자신의 힘'을 과시하려고 하네. 특권적인 지위를 얻으려고 하는 걸세. 아주 감당하기 힘든 단계지.

청 년 싸움을 건다고요? 설마 폭력을 휘두른다는 말은 아니죠?

철학자 한마디로 하자면 '반항'이지. 부모와 교사에게 입에 담기 힘든 말을 퍼부으며 도발하네. 다짜고짜 짜증을 내며 폭발하기도 하고, 물건을 훔치거나 담배를 피우는 등 태연히 규칙을 어기지.

청 년 그야말로 문제아가 아닙니까. 그래요, 저는 바로 그런 아이들을 곁에서 보고 있으면서도 아무런 조치도 취하지 못하고 있다고요.

철학자 반대로 소극적인 아이들은 '불복종'을 통해 권력투쟁에 나서지. 아무리 엄한 말로 야단을 쳐도 공부하기나 배우기를 거절하네. 어른들의 말을 철저히 무시하지. 특별히 공부하기가 싫다거나 공부가 필요 없다고 생각해서 그러는 건 아니라네. 그저 불복종을 통해 자신의 '힘'을 증명하고 싶은 거야.

청 년 아, 상상하는 것만으로도 화가 나요! 그런 문제아들은 야단치는 것 외에는 방법이 없어요! 진짜로 규칙을 어겼으니 때려주고 싶을 정도라고요. 그렇게 하지 않으면 아이들의 못된 짓을 인정하는 꼴이 돼요.

철학자 그래. 많은 부모와 교사가 이 지점에서 분노의 라켓을 들고 질책이라는 공을 받아친다네. 하지만 그것은 도발에 응해서 '상대와 같은 코트에 서는 것'이나 다름없어. 아이들은 쾌재를 부르며 반항이란 공으로 반격해올 걸세. 드디어 기다리던 경기가 시작되었다며.

청 년 그럼, 어쩌라고요?

철학자 법에 저촉되는 문제라면 법에 의한 대처가 필요하겠지. 하지만 그것이 법에 저촉되지 않는 권력투쟁임을 눈치챘다면 당장 그 코트에서 물러나게. 자네가 해야 할 일은 그것밖에 없어. 질책하는 것은 물론이거니와 화가 난 표정을 짓는 것만으로도 권력투쟁의 코트에 서는 것이라고 생각하게.

청 년 눈앞에 못된 짓을 하는 학생이 있는데도 말인가요? 제 앞의 현실은 어떻게 하고요. 아무것도 하지 않고 방치하는 사람이 교육자입니까?

철학자 아마도 논리적인 귀결은 하나겠지만, 그건 5단계를 모두 설명하고 나서 함께 생각하는 편이 낫겠지.

청 년 에잇, 화나. 다음이요!

철학자 문제행동의 4단계. 여기서 인간은 '복수'의 단계에 돌입하네.

청 년 복수요?

철학자 마음을 단단히 먹고 권력투쟁에 나섰지만 당해낼 수가 없다. 승리를 거두지 못하고 특권적인 지위를 얻기도 어렵다. 상대가 도발에 응하지 않아서 패배를 당한다. 그렇게 해서 싸움에 진 사람은 일단 물러난 후에 '복수'를 시도하네.

청 년 누구에게, 무엇을 복수한다는 겁니까?

철학자 더할 나위 없이 소중한 '나'를 인정해주지 않는 사람, 사랑해주지 않는 사람에게 사랑의 복수를 하는 걸세.

청 년 사랑의 복수?

철학자 생각해보게. 칭찬 요구, 주목 끌기 그리고 권력투쟁.

전부 '나를 더 존중해달라' 고 사랑을 갈구하는 마음의 표현일세. 그런데 이러한 사랑의 희구가 이루어질 수 없다는 걸 깨닫는 순간, 인간은 돌변해서 '증오' 를 원하게 되지.

청 년 왜요? 증오를 받아서 어떻게 하게요?

철학자 나를 사랑하지 않는다는 것을 이제 알았다. 그렇다면 차라리 미워해다오. 증오란 감정을 통해서라도 나에게 주목해다오. 그렇게 생각하는 거지.

청 년 ……증오를 받는 것이 그들의 바람이라는 겁니까?

철학자 그렇다네. 예를 들어 3단계의, 부모나 교사에게 반항하는 것으로 '권력투쟁' 에 나서는 아이들. 이 아이들은 반에서만큼은 영웅이 될 가능성이 있네. 권위에, 어른에 맞서는 그 용기를 칭송받으며. 하지만 '복수' 의 단계에 돌입한 아이들은 누구에게도 칭찬을 받은 적이 없네. 부모와 교사는 물론, 같은 반 친구들한테도 증오와 기피의 대상이 되면서 서서히 고립되지. 그래서 더욱 '증오를 받는다' 라는 한 가지 점이라도 이어가려고 하는 걸세.

청 년 그렇다면 무시해버리면 그만이잖아요! 증오라는 접점을 끊어주면 되잖아요! 맞다, 그렇게 하면 '복수'

도 성립하지 않아요. 뭔가 다른, 보다 정당한 방식을 생각하게 되겠지요. 아닌가요?

철학자 논리상으로는 그럴지도 모르지. 하지만 실제로 아이들이 하는 짓을 보면서 그냥 내버려두기란 쉽지 않을 걸세.

청 년 어째서요? 제게 그만한 참을성도 없다는 겁니까?

철학자 예를 들어, '권력투쟁'의 단계에 있는 아이들은 정면에서 정정당당하게 싸움을 걸어오네. 폭언이 섞인 도발도 그들 나름대로는 정의가 담긴 직접적인 행위지. 그래서 때로는 같은 반 친구들에게 영웅 대접을 받는 것이고. 이러한 도발이라면 자네도 냉정하게 대처할 수 있겠지. 하지만 복수의 단계에 들어간 아이들은 정면에서 싸우려고 하지 않아. '못된 짓'이 아니라 오로지 '상대가 싫어하는 짓'을 하는 것이 목적이니까.

청 년 ……구체적으로는요?

철학자 이해하기 쉽게 설명하자면, 스토킹이 그 대표 격이라고 할 수 있지. 나를 사랑하지 않는 사람에 대한 사랑의 복수. 스토커들은 상대방이 나의 행동을 싫어한다는 것쯤은 충분히 알고 있어. 그로 인해 두 사람이 좋은 관계로 발전할 수 없다는 것도. 그럼에도 '증오'나 '혐오'라는 감정을 통해서 어떻게든 관계를 이어가려고 하지.

청 년 뭐죠, 그 불쾌한 논리는?

철학자 자해를 하는 것도, 방 안에 틀어박히는 것도 아들러 심리학에서는 '복수'의 일환이라고 생각하네. 나의 가치를 훼손함으로써 "내가 이렇게 된 것은 다 당신 탓이다"라고 시위하는 걸세. 당연히 부모는 걱정스럽고 가슴이 찢어지는 것 같겠지. 아이들의 입장에서 보자면 복수가 성공한 셈이야.

청 년 ……그건 거의 정신과 영역에 해당하지 않습니까? 그 외에는요?

철학자 폭력이나 폭언이 점차 심해지는 것은 물론, 비행그룹이나 반사회적 모임에 들어가 범죄를 저지르는 아이도 적지 않네. 소극적인 아이라면 상식적으로는 이해가 안 될 정도로 지저분하게 해놓고 살거나, 주변에서 혐오감을 느낄 만큼 기괴한 취미에 탐닉하는 등 복수의 수단은 천차만별일세.

청 년 그런 아이들을 상대로 우리는 어쩌면 좋을까요?

철학자 만약 자네 반에 그런 학생이 있다면 자네가 할 수 있는 일은 아무것도 없어. 그 아이들의 목적은 '자네에 대한 복수'니까. 자네가 손을 내밀면 내밀수록 복수할 기회가 왔다고 여기고 말과 행동이 점점 더 심해질 걸세. 이쯤 되면 이제 이해관계가 전혀 없는 제3자에게 도움을 요청할 수밖에 없네. 즉 다른 교사나 학교 밖에 있는 사람, 예를 들어 우리와 같은 전문가에게 맡길 수밖에 없지.

청 년 ……그런데 이게 4단계라니, 이보다 더 위 단계가 있다는 말이네요?

철학자 그래. 복수보다 더 골치 아픈 마지막 단계가 있지.

청 년 ……가르쳐주세요.

철학자 문제행동의 5단계. 그것은 '무능의 증명'이라네.

청 년 무능의 증명이요?

철학자 그래. 일단은 자네 일이라고 생각해보게. '특별한 존재'로 대우받으려고 지금까지 여러 방법을 써보았지만 모조리 실패했네. 부모님, 선생님, 같은 반 친구도 나를 증오조차 하지 않았네. 반에서도 집에서도 내가 '있을 곳'을 찾지 못했지. ……자네라면 어떻게 할 텐가?

청 년 일찌감치 포기하겠죠. 무슨 짓을 해도 인정받지 못할 테니까요. 어떤 노력도 하지 않을 겁니다.

철학자 하지만 부모님과 선생님은 더 열심히 공부하라고 설교하거나, 학교에서의 태도 및 교우관계에 대해서 사사건건 참견하겠지. 물론 자네를 도와준다는 명목으로.

청 년 쓸데없는 참견이에요! 그렇게 해서 잘될 거였으면 진작 그랬겠죠. 아예 상관하지 말았으면 좋겠어요.

철학자 그 생각도 이해해주지 않을 걸세. 주변 사람들은 자네가 더 노력해주기를 바라네. 하면 된다고 믿고, 자신들의 요구에 의해 자네가 달라질 것이라고 기대하지.

청 년 그런 기대는 사양한다니까요! 그냥 내버려두었으면 좋겠어요.

철학자 ……그래, 바로 그 '더 이상 나에게 기대하지 마'라는 생각이 '무능의 증명'으로 이어지네.

청 년 나에게 기대하지 마, 왜냐하면 나는 무능하니까. 이런다고요?

철학자 그래. 인생에 절망하고, 자신을 마음 깊이 싫어하게 되고, 자신은 아무것도 해결하지 못한다고 믿게 되네. 그리고 더 이상 절망을 경험하지 않기 위해 모든 과제를 회피하게 되지. 주변 사람들에게 "나는 이렇게 무능하니까 과제를 주지 마. 내게는 그걸 해결할 능력이 없어"라고 밝히는 거라네.

청 년 더 이상 상처받지 않기 위해?

철학자 그래. '잘할지도 모른다'라는 기대로 과제에 도전해서 실패할 바에야 처음부터 '잘할 리 없어'라고 포기하는 편이 속 편하지. 그렇게 하면 더 이상 실의에 빠질 일은 없을 테니까.

청 년 ……뭐, 기분은 알겠습니다만.

철학자 그래서 아이들은 자신이 얼마나 무능한지 온갖 수단을 동원해서 '증명'하려고 하네. 누가 봐도 모자란 사람처럼 행동하고, 모든 일에 무기력해져서 간단한 과제도 하려고 들지 않아. 머지않아 '모자란 나'가 진정한 나라고 믿게 된다네.

청 년 확실히 "나는 바보라서"라고 말하는 학생이 있어요.

철학자 말로 할 수 있다면 그건 자조하는 것에 불과해. 정말로 5단계에 들어간 아이들이 모자란 사람처럼 행동하는 모습을 보면, 정신질환이 있는 건 아닌지 의심스러울 정도라네. 과제에 도전하려는 나, 뭔가를 진지하게 고민하려는 나에게 브레이크를 걸지. 그리고 염세적이 되어서 과제도 거부하고, 주변의 기대도 거부한다네.

청 년 그런 아이들은 어떻게 대해야 할까요?

철학자 그 아이들의 바람은 '아무것도 기대하지 마', '내 일에 상관하지 마'라네. 더 보태자면 '나를 포기해'라는 뜻이지. 부모님과 선생님이 손을 내밀려고 할수록 더 극단적인 방식으로 '무능을 증명'하려고 할 거야. 안타깝게도 자네가 할 수 있는 일은 없어. 전문가에게 맡기는 것 외에는. 다만 무능의 증명을 시작한 아이들을 돕는 것은 전문가에게도 대단히 어려운 일이라네.

청 년 ……우리 교육자들이 할 수 있는 일은 너무 적군요.

철학자 아니, 흔히 말하는 문제행동은 대개 3단계인 '권력투쟁'에서 그친다네. 거기서 더 심해지지 않도록 아이들을 이끈다는 점에서 교육자에게 맡겨진 역할은 크다고 할 수 있겠지.

'벌'을 받으면 '죄'가 없어질까

청 년 문제행동의 5단계. 확실히 흥미진진한 분석입니다.

먼저 칭찬을 바라고, 이어서 주목받기 위해 애를 쓴다. 그렇게 되지 않으면 권력투쟁을 일으키고 복수에 나선다. 그리고 마침내는 자신의 무능함을 과시한다.

철학자 그리고 그 모든 행위는 '소속감', 즉 '공동체 안에서 특별한 위치를 확보하는 것'이라는 목적에서 비롯된다네.

청 년 네. 과연 아들러 심리학다운 인간관계를 중심으로 한 분석입니다. 이 분류에 대해서는 인정하지요. 하지만 잊으셨습니까? 우리가 논의해야 할 것은 '야단치는 것'의 옳고 그름 아닌가요? 누가 뭐라고 해도 저는 아들러식의 '야단치지 않는 교육'을 실천했습니다. 무슨 일이 있어도 야단치지 않고, 아이들이 자발적으로 깨닫기를 기다렸어요. 그 결과, 교실이 어떻게 된 줄 아세요? 규칙이고 뭐고 아무것도 없는, 흡사 동물원같이 되었다고요!

철학자 그래서 야단치려 했다. 야단쳐서 무엇이 변했나?

청 년 소란을 피울 때 큰 소리로 야단을 치면 당장은 조용해집니다. 혹은 숙제하는 걸 잊어버렸을 때도 야단을 치면 반성하는 표정을 짓습니다. 하지만 결국은 그때뿐이에요. 얼마 후에 다시 난장판이 벌어지고, 또 숙제를 하지 않아요.

철학자 왜 그렇게 되었다고 생각하나?

청 년 그야 아들러 때문이죠! 애초에 '야단치지 않는다'고 결정한 것이 실수였습니다. 처음부터 좋은 얼굴로 무슨 짓을 해도 받아주었더니 "저 선생님은 별로 무섭지 않아", "무슨 짓을 해도 용서해줘"라며 무시하는 거라고요!

철학자 처음부터 야단쳤다면 그렇게 안 됐을 거다?

청 년 물론입니다. 그 점이 제일 후회스러워요. 무슨 일이든 처음이 중요해요. 내년에 다른 반을 배정받으면, 첫날부터 엄하게 야단칠 작정입니다.

철학자 자네의 동료나 선배 중에도 너무 엄하게 구는 사람이 있을 텐데?

청 년 네, 체벌까지는 아니지만, 늘 학생들을 큰 소리로 꾸짖으며 엄한 말로 지도하는 교사가 몇 있습니다. 악역을 자처하고 교사라는 역할에 충실하지요. 어떤 의미로는 진정한 교육자의 귀감이죠.

철학자 좀 이상하군. 왜 그 선생님들은 '늘' 큰 소리로 꾸짖는 거지?

청 년 왜냐니요, 학생들이 못된 짓을 하니까 그렇죠.

철학자 아니, 만약 '야단친다' 라는 방법이 교육상 효과가 있다면, 처음 몇 번 야단쳤을 때 문제행동을 하는 일이 없어져야지. 그런데 왜 '늘' 야단치는 걸까? 왜 '늘' 화난 표정을 짓고, '늘' 큰 소리를 내지 않으면 안 되는 건가? 이상하게 생각되지 않나?

청 년 ……그만큼 말을 안 들어요, 그 아이들이!

철학자 아니지. 그거야말로 '야단친다' 라는 방법이 교육상 전혀 효과가 없다는, 움직일 수 없는 증거라네. 설령 내년에 자네가 처음부터 심하게 야단친다고 해도 상황은 지금과 다르지 않을 걸세. 오히려 더 심해질지도 모르지.

청 년 더 심해진다고요?

철학자 이젠 알지 않나, 아이들의 문제행동은 '자네에게 야단맞을 것' 까지 계산하고 한 행동이라는 것을. 야단맞는 것은 그들이 바라는 바지.

청 년 교사한테 야단맞기를 바라고, 야단을 맞으면 기뻐한다? 하하, 애들이 무슨 마조히스트도 아니고. 농담도 적당히 하세요!

철학자 야단맞고 기뻐하는 사람은 없어. 하지만 '나는 야단맞을 만한 특별한 행동을 했다'라는 영웅적 성취감은 느끼겠지. 야단을 맞음으로써 자신이 특별한 존재임을 증명하려는 걸세.

청 년 아니, 이건 인간 심리의 문제라기보다는 법과 질서의 문제입니다. 눈앞에서 못된 짓을 하는 인간이 있다. 그것이 어떤 '목적'에 의거한 것이든 법을 어기는 자가 있다. 그렇다면 처벌하는 것이 당연한 일이지요. 그렇지 않으면 공공질서를 지킬 수 없습니다.

철학자 법과 질서를 지키기 위해 야단친다는 말인가?

청 년 그럼요. 저는 학생을 야단치고 싶은 게 아니에요. 벌을 주고 싶은 것도 아니고요. 당연하죠, 누가 그러고 싶겠습니까? ……하지만 벌은 필요합니다. 첫째는 법과 질서를 지키기 위해서. 그리고 또 죄에 대한 억지력으로서.

철학자 억지력이라고?

청 년 예를 들어, 시합 중인 권투선수는 아무리 열세에 몰려도 시합 상대를 발로 차거나 내던지지 않습니다. 그런 짓을 했다가는 실격 처리가 될 게 빤하니까요. 실격 처리라는 '중벌'이 반칙행위를 막아주는 힘으로 작용하는 거지요. 만약 '벌'의 적용이 모호해진다면 억지력이 작용하지 않아서 권투 시합은 성립되지 않겠죠. 벌은 죄에 대한 유일한 억지력인 셈입니다.

철학자 재미있는 비유로군. 그러면 그렇게 중요한 벌, 즉 자네의 질책이 왜 교육 현장에서는 억지력으로 작용하지 않는 것일까?

청 년 다양한 견해가 있겠죠. 고참 교사 몇몇은 체벌이 허용되던 시대를 그리워하듯 말합니다. 시대가 변하고 벌이 가벼워지면서 억지력을 상실했다고요.

철학자 알았네. 그러면 왜 '야단치는 것'이 교육상 아무 효과도 없는지 조금 더 깊이 생각해보세나.

철학자가 말한 '문제행동의 5단계'. 그 이론의 핵심은 분명 인간 심리를 적확하게 꿰뚫었으며, 아들러의 진수를 엿보게 했다. 하지만 청년은 생각했다. 나는 교실을 책임지는 유일한 어른이며, 사회 구성원으로서 아이들에게 모범을 보여야 하는 사람이다. 다시 말해, 죄를 지은 자에게 벌을 주지 않으면 '사회'의 질서가 무너진다. 나는 이론으로 인간을 현혹시키는 철학자가 아니라 아이들의 내일을 책임진 교육자다. 이 남자가 알 턱이 있나, 현실 세계를 사는 인간이 짊어진 책임의 무게를!

폭력이란 이름의 커뮤니케이션

청 년 자, 어디서부터 시작할까요?

철학자 글쎄. 가령 자네 교실에서 폭력 사태를 빚은 싸움이 일어났다고 하세. 별거 아닌 말싸움이 주먹이 오가는 싸움으로 발전했네. 자네는 이 두 학생을 어떻게 할 텐가?

청 년 그런 경우라면 큰 소리로 야단치지는 않을 겁니다. 오히려 냉정하게 두 사람의 해명을 들어야지요. 아이들을 달래가면서 차근차근 '왜 싸우게 되었는지' 혹은 '왜 때렸는지' 얘기를 듣겠습니다.

철학자 학생들은 뭐라고 대답할까?

청 년 뭐 "재가 이런 말을 해서 화가 났다" 또는 "나한테 심한 짓을 했다"라고 하겠지요.

철학자 그래서 자네는 어떻게 할 건가?

청 년 양쪽의 해명을 듣고, 어느 쪽에 잘못이 있는지 따지고 나서, 잘못이 있는 쪽에서 사과를 하게 해야죠. 하지만 모든 싸움에는 각자 잘못이 있게 마련이니 서로 사과하는 것이 맞겠지요.

철학자 두 사람이 납득할까?

청 년 그야, 각자 내 말이 옳다고 우기겠죠. 그저 조금이라도 좋으니 '나한테도 잘못이 있을지 몰라' 하고 생각해준다면 그걸로 충분합니다. 싸움에 대해선 양쪽 다 책임을 물어야죠.

철학자 과연. 그러면 만일 자네에게 아까 말한 삼각주가 있다고 해보세.

청 년 삼각주요?

철학자 그래. 한 면에는 '나쁜 그 사람', 또 한 면에는 '불쌍한 나' 그리고 마지막 한 면에는 '앞으로 어떻게 해야 할까'라고 적혀 있던. 우리 카운슬러들이 삼각주를 사용하는 것처럼 자네도 삼각주를 그리면서 학생들의 이야기를 듣는 걸세.

청 년 ……무슨 뜻이죠?

철학자 "재가 이런 말을 했다", "나한테 심한 짓을 했다"라고 학생들이 말하는 싸움의 이유. 이것을 삼각주를 통해서 생각해보면 결국은 '나쁜 그 사람'과 '불쌍한 나'가 되지 않나?

청 년 ……네, 뭐.

철학자 자네는 학생들한테 '원인'만 들었어. 하지만 원인을 아무리 파고들어 봤자 책임을 회피하고 변명만 할 뿐이네. 자네가 해야 할 일은 그 아이들의 '목적'에 주목하고, 아이들과 함께 '앞으로 어떻게 할 것인가'를 생각하는 것이라네.

청 년 싸움의 목적이요? 원인이 아니라요?

철학자 순서에 따라 하나하나 차근차근 설명하지. 우선 통상적으로 우리는 언어를 통해 커뮤니케이션을 하지 않나?

청 년 네. 지금 제가 선생님과 말하고 있는 것처럼요.

철학자 그러면 커뮤니케이션의 목적, 목표는 무엇인가?

청 년 의사 전달, 자신의 생각을 전달하는 것이겠죠.

철학자 아니라네. '전달하는 것'은 커뮤니케이션의 입구에 불과해. 최종적인 목표는 합의를 이루는 것이라네. 전하기만 해서는 의미가 없어. 전달한 내용을 사람들이 이해하고 일정한 합의를 이룰 때 커뮤니케이션은 비로소 의미를 갖네. 자네와 나도 어떤 합의점에 도달하기 위해서 이렇게 이야기를 주고받는 것이지.

청 년 뭐, 엄청 시간이 걸리지만요!

철학자 그래. 언어를 기반으로 하는 커뮤니케이션은 합의에 이르기까지 상당한 시간과 노력을 필요로 하지. 한쪽의 일방적인 요구가 통하지 않고, 객관적인 데이터 같은 상대를 설득할 자료를 준비해야 할 때도 있네. 게다가 지불하는 비용에 비해 즉효성과 확실성이 많이 떨어지지.

청 년 말씀대로예요. 지긋지긋해요.

철학자 그렇게 논의에 싫증난 사람, 또는 논의에 승산이 없다고 생각한 사람은 어떻게 할까? 알 수 있겠나?

청 년 설마 물러나는 건 아니겠죠?

철학자 그런 사람들이 최후에 선택하는 커뮤니케이션 방법이 바로 폭력이라네.

청 년 하하, 재미있네요! 그렇게 연결되나요!

철학자 폭력에 의존하면 시간도 노력도 들이지 않고 자신의 요구를 밀어붙일 수 있지. 더 직접적으로 말하자면, 상대를 굴복시킬 수 있지. 폭력이란 어디까지나 값싼 커뮤니케이션 수단이라네. 폭력이 도덕적으로 용납될 수 있느냐를 따지기 전에 인간으로서 너무 미숙한 행위라고밖에 말할 수 없네.

청 년 도덕적 관점에서 인정할 수 없는 게 아니라, 미숙하고 모자란 행동이라서 인정할 수 없다는 건가요?

철학자 그래. 도덕의 기준은 시대와 상황에 따라 변하네. 도덕만을 지침 삼아 타인을 판단하는 것은 굉장히 위험해. 폭력을 장려하던 시대도 있었으니까. 그러면 어떻게 해야 할까? 우리 인간은 '미숙한 상태에서 성장해야 한다'는 원점으로 돌아가는 것이라네. 폭력이라는 미숙한 커뮤니케이션에 기대서는 안 돼. 다른 커뮤니케이션을 모색해야지. 폭력의 '원인'으로 주로 꼽히는 상대방의 시비조나 도발적 태도 같은 것이 무슨 상관이 있나. 폭력의 '목적'은 하나고, 생각해야 할 것은 '앞으로 어떻게 할 것인가'네.

청 년 과연. 폭력에 관한 선생님의 통찰은 굉장히 색다르네요. 흥미로워요.

철학자 그렇게 남의 일처럼 말해도 되나? 지금 한 말은 자네 자신에게도 해당되는데?

청 년 아니아니, 저는 폭력 따위는 휘두르지 않아요. 이상한 시비 걸지 마세요!

화내는 것과 야단치는 것은 같은 의미다

철학자 누군가와 논의를 주고받는 중에 차츰 형세가 불리해진다. 열세에 몰린다. 혹은 논의를 시작할 때부터 자신의 주장에 합리성이 부족하다는 사실을 알고 있었다. 그럴 때 폭력까지는 아니더라도 언성을 높이거나 책상을 치거나 눈물을 쥐어짜는 등 상대를 억누르면서 자신의 주장을 관철하려는 사람이 있네. 이러한 행동 또한 값싼 '폭력적' 커뮤니케이션이라고밖에 생각할 수 없네. ……내가 무슨 말을 하려는지 이해하겠지?

청 년 ……와, 진짜 못됐다! 흥분해서 소리 지르는 저를 미숙한 인간이라고 비웃는 건가요!

철학자 아니, 이 방에서는 얼마든지 언성을 높여도 전혀 상관없네. 내가 문제 삼는 것은 자네가 선택한 '야단친다'는 행위에 담긴 속사정이지. 자네는 학생들과 말로 커뮤니케이션하는 것이 귀찮아서 보다 손쉬운 방법으로 야단을 치는 걸세. 분노를 무기 삼아 꾸짖음이라는 총을 들고 권위의 칼을 들이대지. 그것은 교육자로서 미숙한, 또는 모자란 태도일세.

청 년 아뇨! 저는 화를 내는 게 아니라 야단을 치는 거라고요!

철학자 그렇게 변명하는 사람이 많지. 하지만 폭력적인 '칼'을 휘둘러서 상대방을 억누르려고 한다는 사실은 변하지 않네. 오히려 '나는 좋은 일을 하고 있는 것이다'라고 의식하고 있으니 나쁘다고 할 수밖에.

청 년 그렇지 않아요! 아시겠어요, 분노란 감정을 폭발시키는 것이고 냉정한 판단을 하지 못하는 상태입니다. 그런 의미에서 저는 야단칠 때 조금도 감정적이지 않아요. 발끈해서 화를 내는 게 아니라 다 따져본 후에 냉정하게 야단을 치는 거라고요. 이성을 잃고 분노하는 사람과 똑같이 취급하지 마세요!

철학자 어쩌면 그럴지도 모르지. 비유하자면 실탄이 장전되지 않은 공포탄을 쏘았다고 말일세. 하지만 학생들 입장에서는 자신들을 향해 총구를 겨냥한 사실은 변하지 않네. 거기에 장전된 것이 실탄이든 아니든, 자네는 한 손에 총을 들고 커뮤니케이션을 하고 있는 거라네.

청 년 그럼 하나만 묻죠. 예를 들어 칼을 들고 농성하는 나쁜 놈이 있어요. 그러한 상대가 죄를 짓고 싸움까지 걸어와요. 그 주목 끌기인지 권력투쟁인지 하는 싸움을요. 근데 왜 손에 총을 들고 하는 커뮤니케이션이 나쁘다는 거죠? 어떻게 법과 질서를 지키라는 건가요?

철학자 아이들이 문제행동을 할 때 부모와 교육자는 어떻게 해야 할까? 아들러는 "재판관의 자리를 내려놔라"라고 말했네. 자네한테는 판결을 내릴 특권이 없네. 법과 질서를 지키는 것은 자네의 일이 아닐세.

청 년 그러면 무엇을 하라고요?

철학자 지금 자네가 지켜야 할 것은 질서가 아니라 '눈앞의 아이들', 문제행동을 하는 아이들일세. 교육자는 카운슬러고, 카운슬링은 '재교육'이야. 처음에 이야기했지? 카운슬러가 총을 들다니, 이상하지 않나.

청 년 하, 하지만…….

철학자 질책을 포함한 '폭력'은 인간으로서의 미숙함을 드러내는 커뮤니케이션일세. 아이들도 이를 충분히 인지하고 있어. 질책을 받았을 때, 폭력적인 행위와는 별개로 '이 사람은 미숙한 사람이다'라는 통찰이 무의식에 발동하네. 이는 어른들이 생각하는 이상으로 큰 문제일세. 자네는 미숙한 인간을 '존경'할 수 있나? 혹은 폭력적으로 위협하는 상대로부터 '존경'을 받는다고 느낄 수 있나? 분노와 폭력이 수반된 커뮤니케이션에는 존경이란 없어. 오히려 경멸을 초래할 뿐이지. 질책이 본질적인 개선책이 되지 못하는 것은 당연한 걸세. 이를 근거로 아들러는 "분노란 인간과 인간을 갈라놓는 감정이다"라고 말했네.

청 년 제가 학생들한테 존경받지 못하고 있을 뿐 아니라 경멸을 당하고 있다고요? 야단쳤다는 이유로요?

철학자 안타깝게도 그렇다네.

청 년 ……현장을 모르는 선생님이 뭘 안다고요!

철학자 내가 모르는 게 많겠지. 하지만 자네가 여러 번 강조하는 '현장'이란 말도 결국 '나쁜 그 사람'과 거기에 휘둘리는 '불쌍한 나'에 대한 이야기에 불과하다네. 나는 거기에 필요 이상의 가치를 두질 않네. 흘려들어도 그만이지.

청 년 ……이야.

철학자 만약 자네가 자기 자신과 마주할 용기가 있고, 진정한 의미에서 '앞으로 어떻게 할 것인가'를 생각할 수 있다면, 앞으로 나아갈 수 있을 걸세.

청 년 제가 변명만 늘어놓고 있다는 말씀인가요?

철학자 아니. 변명이란 말은 정확하지 않아. 자네는 그저 '바꿀 수 없는 것'에만 주목하고, "그러니까 무리다"라고 탄식하고 있네. '바꿀 수 없는 것'에 집착하지 말고, 눈앞에 있는 '바꿀 수 있는 것'을 직시하게나. ……기억하고 있지? 기독교 사회에 전해 내려 온 '니버의 기도'[2]를.

청 년 네, 물론 기억하고 있습니다. "신이여, 바라옵건대 제게 바꾸지 못하는 일을 받아들이는 차분함과 바꿀 수 있는 일을 바꾸는 용기와 그 차이를 늘 구분하는 지혜를 주옵소서."

철학자 그 말을 되새기면서 한 번 더 '앞으로 어떻게 할 것인가'를 생각해보게.

내 인생을 선택하는 것은 바로 나

청 년 그러면 선생님의 제안을 받아들여서 야단도 치지 않고, 원인도 묻지 않고, 학생들에게 '앞으로 어떻게 할 것인가'를 물었다고 치죠. 그래서 어떻게 될까요? ……생각할 필요도 없습니다. 어차피 "이젠 안 할게요" 혹은 "앞으로 잘하겠습니다"와 같이 말만 앞선 반성을 할 테니까요.

2 신학자인 라인홀드 니버(Karl Paul Reinhold Niebuhr)가 쓴 기도문으로, 평온을 비는 기도(Serenity Prayer)라고도 한다.

철학자 반성하라고 강요해봤자 달라지는 건 없어. 그건 자네 말대로야. 걸핏하면 사과문이나 반성문을 쓰라고 시키는 사람이 있는데, 그런 문서는 '용서받는 것'을 목적으로 하는 거라서 거의 반성으로 이어지지 않네. 대개는 시키는 쪽의 자기만족으로 그치지. 그게 아니라 여기서 묻고 싶은 것은 그 사람의 삶의 방식일세.

청 년 삶의 방식?

철학자 칸트가 한 말을 소개하지. 그는 자립에 관해 이렇게 말했네. "인간이 미성년 상태에 있는 이유는 이성이 결여되어서가 아니다. 다른 사람의 지시 없이는 자신의 이성을 사용할 결단도 용기도 내지 못하기 때문이다. 즉 인간은 자기 책임하에 미성년 상태에 머물고 있는 것이다."

청 년 미성년 상태요?

철학자 그래, 진정한 자립에 이르지 못한 상태지. 여기서 그가 말한 '이성'이란 지성은 물론 감성까지 포함한 '능력' 전반이라고 생각하면 된다네.

청 년 우리는 능력이 부족한 것이 아니라 능력을 발휘할 용기가 충분하지 않은 것이다. 그래서 미성년 상태에서 벗어나지 못하는 것이다. 이런 뜻인가요?

철학자 그렇지. 그리고 칸트는 이렇게 덧붙였네. "자신의 이성을 발휘할 용기를 가져라."[3]

청 년 오, 마치 아들러 이론처럼 들리는데요?

철학자 그러면 왜 인간은 자신을 '미성년 상태'로 두는 것일까? 더 단적으로 말하면, 왜 인간은 자립을 거부하는 것일까? 자네의 견해는 어떤가?

청 년 ……겁쟁이라서, 요?

철학자 그것도 한 이유겠지. 칸트의 말을 다시 한번 떠올려 보게. 우리는 '타인의 지시'를 따르며 사는 것이 더 편하네. 골치 아픈 생각을 하지 않아도 되고, 실패의 책임을 떠안지 않아도 돼. 일정한 충성만 맹세하면 귀찮은 일은 전부 누군가가 맡아서 처리해주지. 가정이나 학교의 아이들도, 기업이나 관청에서 일하는 직장인도, 카운슬링을 받으러 오는 상담자도. 그렇지 않은가?

---

3 칸트는 《계몽이란 무엇인가에 대한 답변》에서 '미성년 상태(미성숙 상태)'란 '다른 사람이 이끌어주지 않으면 스스로 자신의 이성을 사용할 수 없는 상태'라고 말했다. 칸트에 따르면, 인간이 미성년 상태에 머무는 까닭은 결단력과 용기가 부족하기 때문이며, 결단력과 용기를 내지 못하는 것은 인간 본인의 책임이다. 따라서 칸트는 '아는 것'보다 '용기 내는 것'을 더 중요하게 여겼다. '미성년 상태에서 벗어나는 것'은 결국 '스스로를 책임지는 상태'로 들어서는 것을 말하는데, 칸트는 이를 '계몽'이라고 표현했다.

청 년 뭐…….

철학자 게다가 주변의 어른들은 아이들을 '미성년 상태'에 잡아두려고 자립이 얼마나 위험한지, 그 리스크며 두려움에 관해 이런저런 수를 동원해서 주입하네.

청 년 뭣 때문에요?

철학자 자신의 지배 아래 두기 위해서지.

청 년 왜 그러는 걸까요?

철학자 그건 자네 가슴에 손을 얹고 스스로에게 물어보게. 자네도 모르는 사이에 아이들의 자립을 막고 있으니까.

청 년 제가요?!

철학자 그래, 틀림없어. 부모 그리고 교육자는 아이들을 지나치게 간섭하고 과보호하네. 그 결과, 무슨 일을 하든지 다른 사람의 지시에만 따르는, '스스로는 아무것도 결정하지 못하는 아이'로 키우게 돼. 나이를 먹어 어른이 되어도 마음은 여전히 아이인 채로 다른 사람의 지시가 없으면 아무것도 못하는 인간으로 말일세. 그래서는 자립할 수 없네.

청 년 아니, 적어도 저는 아이들의 자립을 바라고 있어요! 왜, 제가 뭐가 아쉬워서 아이들의 자립을 방해하겠어요?

철학자 모르겠나? 자네는 학생들이 자립하는 것이 두려운 걸세.

청 년 왜, 왜요?!

철학자 만약 학생들이 자립해서 자네와 대등한 입장이 되면 자네의 권위는 무너지네. 자네는 지금 학생들과 '수직관계'를 맺고 있어. 그리고 그 관계가 무너지는 것을 두려워하고 있지. 이는 교육자뿐 아니라 많은 부모가 잠재적으로 안고 있는 두려움일세.

청 년 아, 아니, 저는…….

철학자 또 하나. 아이들이 실패했을 때, 특히 다른 사람에게 피해를 주었을 때, 당연히 자네에게도 그 책임을 묻겠지. 교육자로서의 책임, 관리 감독의 의무가 있는 사람으로서의 책임, 부모라면 부모로서의 책임. 그렇지?

청 년 네, 그거야 물론이죠.

철학자 어떻게 하면 그 책임을 피할 수 있을까? 답은 간단해. 아이를 지배하는 걸세. 아이들에게 모험을 허락하지 않고, 무난하고 다치지 않을 길만 걸어가게 하는 거야. 가능한 한 컨트롤할 수 있는 곳에 두는 거지. 아이들을 걱정해서 그렇게 하는 게 아닐세. 자신을 위해서지.

청 년 아이들이 실패했을 경우, 그에 대한 책임을 추궁당하고 싶지 않아서요?

철학자 그렇다네. 그러니까 교육하는 입장에 놓여 있는 사람, 그리고 조직의 운영을 맡고 있는 리더는 늘 '자립'을 목표로 내세워야 하네.

청 년 ……자기 보호에만 급급하지 않도록.

철학자 카운슬링도 마찬가지일세. 우리는 카운슬링을 할 때 상담자를 '의존'적이고 '무책임'한 위치에 놓이지 않도록 세심한 주의를 기울이네. 예를 들어, 상담자가 "선생님 덕분에 나았습니다"라고 한다면 그 카운슬링은 실패한 것이나 다름없네. 그 말을 뒤집으면 "나 혼자서는 아무것도 못해요"라는 뜻이니까.

청 년 카운슬러에 의존한다고요?

철학자 그래. 이는 자네, 즉 교사에게도 해당되는 말이지. "선생님 덕분에 졸업할 수 있었습니다"라든가 "선생님 덕분에 합격했습니다"라는 말을 들었다면, 그 교사는 진정한 의미의 교육에는 실패했다고 봐야 하네. 학생들이 스스로의 힘으로 이루어냈다고 느끼게 하지 않으면 안 돼.

청 년　하, 하지만…….

철학자　교육자는 고독한 존재일세. 누구에게도 칭찬을 받거나 노고를 위로받지 못하지. 모두 자력으로 학교를 떠나니까. 감사의 인사조차 받기 어렵지.

청 년　그 고독을 받아들일 수 있을까요?

철학자　그래. 학생들한테 감사의 마음을 기대하는 것이 아니라 '자립'이라는 큰 목표에 공헌했다는 공헌감을 갖는다, 그 공헌감에서 행복을 찾는다. 그 수밖에 없지.

청 년　……공헌감.

철학자　3년 전에도 말했을 걸세. 행복의 본질은 '공헌감'이라고. 만약 자네가 학생들로부터 감사 인사를 받기 원한다면, "선생님 덕분"이라는 말을 기다리고 있다면……. 그건 결과적으로 학생들의 자립을 가로막는 것이라고 생각해주게.

청 년　그러면, 구체적으로 어떻게 해야 아이들을 '의존'적이고 '무책임'한 위치에 놓이지 않도록 교육할 수 있을까요? 어떻게 하면 진정한 자립을 하도록 도와줄 수 있죠? 추상적으로 말고 구체적인 사례로 제시해주세요. 그렇지 않으면 납득할 수 없습니다!

철학자 그렇군. 가령 아이가 "친구네 집에 가서 놀아도 돼?"라고 물었네. 이때 "물론이지"라고 허락하는 부모가 있는가 하면, "숙제를 다 하고 나서"라고 조건을 다는 부모도 있네. 놀러 가는 것 자체를 금지하는 부모도 있겠지. 이는 모두 아이를 '의존'적이고 '무책임'한 위치에 놓이도록 하는 행위일세. 그러지 말고 "그런 건 스스로 결정해도 돼"라고 가르쳐줄 것. 본인의 인생은, 매일의 행동은 전부 스스로 결정하는 것이라고 가르쳐줄 것. 그리고 결정하는 데 필요한 자료—예를 들면 지식과 경험—가 있으면 제공해줄 것. 그것이 바람직한 교육자의 자세라네.

청 년 스스로 정한다……. 아이들에게 그만한 판단력이 있을까요?

철학자 그런 의심이 생기는 것은 자네가 아직 학생들을 진정으로 존경하지 않기 때문일세. 정말로 존경한다면 모든 일을 스스로 결정하도록 하겠지.

청 년 돌이킬 수 없는 실패를 할지도 모르는데요?

철학자 그건 부모나 교사가 '골라준' 길이어도 마찬가지지. 왜 아이들의 선택은 실패로 끝나고, 자신이 골라준

길은 실패하지 않을 거라고 단정하나?

청 년 하지만 그건…….

철학자 아이들이 실패했을 때, 분명 자네에게도 책임을 묻겠지. 하지만 거기에 자네 인생을 거는 건 아니잖나. 진정한 의미에서 책임을 질 수 있는 것은 본인뿐이야. 그래서 '과제의 분리'라는 발상이 탄생한 것이고. 즉 '그 선택이 가져온 결과를 최종적으로 받아들이는 사람은 누구인가' 하는. 결국 자네가 책임질 것도 아닌데 다른 사람의 과제에 함부로 개입해서는 안 되지.

청 년 아이들을 내버려두라고요?

철학자 아니. 아이들의 결정을 존중하고, 그 결정을 지지해주고 도와주라는 말이네. 그리고 언제든 도와줄 준비가 되어 있다고 알려주되, 너무 가깝지 않은, 도움을 줄 수 있는 거리에서 지켜보면 되는 것이지. 비록 그 결정이 실패로 끝난다 할지라도 아이들은 '내 인생은 나 스스로 선택할 수 있다'는 사실을 배우게 되겠지.

청 년 자신의 인생을 스스로 선택한다…….

철학자 후후. "내 인생은 나 스스로 선택할 수 있다." 이것은 오늘의 논의를 관통하는 큰 주제이니 똑똑히 기억해 두게. 그래, 수첩에 적어놓게나. 그러면 이쯤에서 잠시 쉬도록 하지. 그동안 자네가 학생들을 어떤 태도로 대했는지 잘 생각해보게.

청 년 아니, 쉴 필요 없어요. 계속하지요!

철학자 이제부터 나눌 대화는 보다 집중력이 필요하네. 집중하려면 적당한 휴식이 필요하고. 뜨거운 커피라도 마시면서 잠시 차분하게 머릿속을 정리하게나.

세 번째 이야기

경쟁원리가 아닌 협력원리에 기초하라

교육의 목표는 자립이다. 그리고 교육자는 카운슬러다. 애초에 청년은 이 두 가지를 진부한 정의로 간주하고 마음에 담아두지 않았다. 하지만 논의가 거듭될수록 자신의 교육 방침에 대한 의심이 커져갔다. 법과 질서를 지키려는 내 교육 방침이 잘못되었던 것일까? 나는 학생들의 자립을 두려워하고 가로막고 있던 것일까? ……아니, 그럴 리 없다. 나는 틀림없이 자립을 지원해왔다. 앞에 앉은 철학자는 말없이 만년필을 어루만지고 있었다. 초연히, 승리를 과시라도 하듯! 청년은 부르튼 입술로 커피를 홀짝이고 짜내는 듯한 목소리로 말을 꺼냈다.

칭찬하는 방식은 과연 효과적인가

청 년　……교육자는 재판관이 아니라 아이들 곁에서 이야기를 들어주는 카운슬러여야 한다. 야단치는 행위는 자신의 미숙함을 드러내고 경멸을 낳을 뿐이다. 교육의 최종 목표는 '자립'이며 그 길을 가로막아서는 안 된다. 좋습니다. '야단쳐서는 안 된다', 이에 관해서는 일단 받아들이기로 하죠. 단 선생님이 다음 문제를 인정해주신다면요.

철학자 다음 문제라니?

청 년 우리도 말이죠, 동료 교사 및 학부모들과 '야단치는 양육'과 '칭찬하는 양육'에 대한 의견을 나눌 기회가 많습니다. 당연히 '야단치는 양육'은 인기가 없어요. 시대의 흐름도 그러하지만 도덕적 관점에서 인정하지 못하는 사람도 많고요. 저도 야단치는 걸 좋아하는 편은 아니라서 그 의견에는 찬성합니다. 반면 '칭찬하는 양육'에 대한 신봉은 절대적이에요. 이를 정면에서 부정하는 사람은 거의 없습니다.

철학자 그렇겠지.

청 년 그런데 아들러는 칭찬하는 것마저 부정합니다. 3년 전에 그 이유를 물었을 때 선생님은 이렇게 말씀하셨죠. "칭찬한다는 행위에는 '능력 있는 사람이 능력 없는 사람에게 내리는 평가'라는 측면이 있고, 그 목적은 상대를 '조종'하기 위함이다"라고. 그러니 칭찬해서는 안 된다고.

철학자 그래, 그렇게 말했지.

청 년 저는 그 말을 믿고 '칭찬하지 않는 교육'을 충실히 실행해왔습니다. 한 학생에 의해 제 실수를 깨닫기

전까지는 말입니다.

철학자 어떤 학생?

청 년 몇 개월 전의 일입니다. 학교에서도 손꼽히는 문제아가 독후감을 써왔습니다. 여름방학에 자유 숙제로 내준 카뮈의《이방인》을 읽고 써온 감상문이었죠. 솔직히 깜짝 놀랐습니다. 글을 썼다는 것 자체도 놀라웠지만, 그 내용이요! 감수성 풍부한 사춘기 소년의 신선한 감성이 살아 있는 멋진 감상문이었어요. 다 읽은 저는 무심결에 칭찬하고 말았습니다. "야, 대단한걸. 이렇게 글솜씨가 좋은 줄 전혀 몰랐네. 다시 봤어"라고.

철학자 그렇군.

청 년 말한 순간, 아차 싶었습니다. 특히 '다시 봤어'라는 표현은 아들러가 지적했듯이 윗사람이 아랫사람에게 하는 '평가'가 담겨 있었어요. 솔직히 말해 그 학생을 얕본 거죠.

철학자 그래, 그러지 않았다면 그런 말이 안 나왔을 테지.

청 년 하지만 실제로는 그 학생을 칭찬했지요. 그것도 평가의 뜻이 담긴 말로. 근데 그 말을 들은 그 학생이 어떤 표정을 지었을까요? 반발했을까요? ……아, 선생님이 봤어야 하는데! 그 친구는요, 지금껏 한 번도 보여준 적 없는, 그 나이 또래다운 수줍은 표정을 지으며 환하게 웃었다고요!

철학자 후후.

청 년 그야말로 눈앞의 안개가 걷히는 기분이었죠. "도대체 아들러가 뭐라고. 그 사람한테 속아서 나는 아이들한테서 웃음을 빼앗고 기쁨을 빼앗는 교육을 해왔구나. 그런 게 무슨 교육이야."

철학자 ……그래서 칭찬을 하게 되었다?

청 년 물론입니다. 주저할 것 없이 칭찬했습니다. 그 친구에게도, 그 외에 다른 학생들에게도. 그러자 다들 기뻐하고 성적도 올랐어요. 칭찬하면 할수록 더 의욕을 보이더라고요. 선순환이 이루어진 거지요.

철학자 확실히 효과가 있다고 믿었군.

청 년 네. 물론 아이들 전부를 무분별하게 칭찬한 것은 아닙니다. 일정한 노력과 성과를 거둔 것에 대해서만 칭찬했어요. 그렇지 않으면 그 칭찬은 거짓말이 되니까요. 방금 말한 그 독후감을 써온 문제아도 이제는 책벌레가 되어 더 많은 책을 읽고 감상문을 써서 가져옵니다. 대단해요, 책은 세계를 여는 문이니까.

머지않아 학교 도서관으로 만족하지 못하고 대학 도서관에 다닐지도 몰라요. 제가 일하던 도서관으로요!

철학자 그렇게 되면 감개가 무량하겠군.

청 년 압니다. 선생님은 분명 부정하시겠지요. 그건 '칭찬 요구'이자 문제행동의 첫걸음이라고. 하지만요, 현실은 전혀 다릅니다. 설사 처음에는 '칭찬받는 것'이 목적이었다 하더라도, 머지않아 배우는 기쁨을 깨닫고 해냈다는 쾌감을 몸으로 느끼며 자기 발로 걸어서 사회에 나간다면, 그것은 아들러가 말하는 '자립'과도 연결되는 거니까요!

철학자 과연 그렇게 단정할 수 있을까?

청 년 순순히 인정하세요! 무엇보다 칭찬함으로써 학생들에게 웃음과 의욕이 돌아왔잖아요? 이것이 현장을 살고 있는, 피가 통하는 인간의 체온이 따르는 교육이라는 겁니다. 아들러의 교육에 어떤 온기가 있고 어떤 웃음이 있죠?

철학자 그럼, 함께 생각해보세. 왜 아들러는 교육 현장에서 '칭찬해서는 안 된다'는 원칙을 일관되게 주장한 것일까? 칭찬하면 기뻐하고 성장하는 아이들이 있는

데, 왜 칭찬하면 안 되는 걸까? 칭찬함으로써 자네는 어떤 위험에 빠지게 되는 걸까?

청 년 하하, 또 무슨 말 같지도 않은 논리를 펼치시려고요. 이번에는 양보하지 않을 겁니다. 지론을 바꾸려면 기회는 지금밖에 없어요.

칭찬이 경쟁을 낳는다

철학자 앞에서 "교실은 민주주의 국가다"라고 했네. 기억하고 있겠지?

청 년 하하, 멀쩡한 사람을 파시스트로 몰아놓고선! 잊어버릴 리가 없죠.

철학자 그리고 나는 "독재자가 이끄는 조직은 부패할 수밖에 없다"라고도 말했네. 그 이유를 조금 더 깊이 생각해보면 '왜 칭찬해서는 안 되는가'에 대한 답도 보일 걸세.

청 년 들어보죠.

철학자 독재가 판을 치는, 민주주의가 확립되지 않은 공동체에서는 옳고 그름에 관한 온갖 법이 리더 한 사람에 의해 결정되네. 국가는 물론이거니와 회사 조직과 가정, 학교에서도 마찬가지라네. 게다가 그렇게 정해진 법은 상당히 자의적으로 적용되게 마련이네.

청 년 아, 소위 1인 경영 회사(one-man company)가 대표적이죠.

철학자 그러면 이런 독재적 리더가 국민한테 미움을 받느냐고 하면 꼭 그렇지는 않네. 오히려 열렬한 지지를 받는 경우도 많지. 그 이유가 뭐라고 생각하나?

청 년 그 리더에게 카리스마적 매력이 있어서?

철학자 아니. 그건 부차적인, 혹은 표면적인 이유에 지나지 않네. 더 큰 이유는 가혹한 상벌이 있어서라네.

청 년 오, 그렇게 연결되나요?

철학자 법을 어기면 엄한 벌을 받고, 법을 지키면 칭찬을 받는다. 그리고 인정을 받는다. 즉 사람들은 리더의 인격과 사상, 신념을 지지하는 것이 아니라 그저 '칭찬받는 것'과 '야단맞지 않는 것'을 목적으로 하기에 리더를 따르는 걸세.

청 년 네네. 세상이 그렇지요.

철학자 자, 문제는 여기서부터야. '칭찬받는 것'이 목적인 사람들이 모이면 그 공동체에는 '경쟁'이 일어나네.

남이 칭찬받으면 분해하고, 자신이 칭찬받으면 우쭐해하지. 어떻게 하면 남들보다 먼저, 많이 칭찬받을 수 있을까? 또 어떻게 하면 리더의 총애를 독점할 수 있을까? 그러면 공동체는 칭찬받으려는 경쟁원리에 지배를 받게 된다네.

청 년 말을 너무 돌려서 하시네요. 그러니까 경쟁이 탐탁지 않은 거죠?

철학자 자네는 경쟁을 인정하나?

청 년 인정하고말고요. 선생님은 경쟁의 단점에만 주목하고 있어요. 더 넓게 생각해야죠. 학업이든, 예술이든, 스포츠 경기든, 사회 진출 후의 경제활동이든 간에 우리는 같이 달리는 라이벌이 있어야 더 애를 쓰고 노력합니다. 이 사회를 앞으로 나아가게 하는 힘의 바탕에는 전부 경쟁원리가 흐르고 있어요.

철학자 그런가? 아이들을 경쟁원리 속에 밀어 넣고 남들과 경쟁하도록 내몰면 무슨 일이 일어날까? ……경쟁 상대는, 다시 말해 '적'이네. 아이들은 '타인은 모두 적이다', '사람들은 나를 무너뜨리려고 기회를 엿보는, 방심할 수 없는 존재다'라는 생활양식을 익히게 되겠지.

청 년 왜 그렇게 비관적으로만 생각하십니까? 인간이 성장하는 데 있어 라이벌의 존재가 얼마나 자극이 되는지, 또 라이벌이 얼마나 든든한 친구가 되어주는지 선생님은 전혀 모르시는군요. 철학 책에 파묻혀 세월을 보내느라 친구도 라이벌도 없는 고독한 인생을 살아서 그러겠지요. 후후, 어쩐지 선생님이 가엽게 느껴지네요.

철학자 라이벌이라고 부를 만한 친구의 가치는 나도 인정하네. 하지만 그런 라이벌이라면 경쟁할 필요도 없을 뿐더러 경쟁해서는 안 된다네.

청 년 라이벌은 인정하지만, 경쟁은 인정할 수 없다? 이야, 벌써부터 모순되는 발언이 나오네요.

먼저 공동체를 치료하라

철학자 모순되지 않네. 인생을 마라톤에 비유해서 생각해보게. 내 옆에 라이벌이 달리고 있다. 그 자체는 자극도 되고 든든하게 느껴지기도 해서 별 문제가 없네. 하지만 그 라이벌을 '이기자'라고 생각하는 순간부터 상황은 완전히 달라지지. '완주한다' 혹은 '빨리 달리자'였을 애초의 목적이 '이 사람을 이기자' 하는 것으로 바뀌네. 든든한 친구였던 라이벌이 타도해야 할 적으로 돌변하지. ……그리고 이기기 위해 술수를 쓰고, 경우에 따라서는 방해를 하거나 부정행위까지 하게 된다네. 경주가 끝난 후에도 라이벌의 승리를 축복하지 못하고 질투와 열등감에 사로잡혀 괴로워하지.

청 년 그래서 경쟁은 좋지 않다고요?

철학자 경쟁이 있는 곳은 술수와 부정행위가 따르게 되어 있어. 누군가에게 이길 필요가 없네. 완주할 수 있으면, 그걸로 좋지 않은가.

청 년 아니아니, 순진해요! 어수룩하기 짝이 없다고요, 선생님의 생각은!

철학자 그러면 화제를 마라톤에서 현실 사회로 바꿔보지. 시간을 다투는 마라톤과 달리 독재적 리더가 이끄는 공동체에서는 무엇을 '승리'로 판단할지 그 기준이 명확하지 않네. 교실이라면 학업 이외의 부분도 판단의 근거가 되지만. 그리고 평가의 기준이 명확하지 않은 만큼 친구의 발목을 잡아끌고, 다른 사람의 공을 가로채고, 본인만 인정받으려고 리더에게 알랑거리는 사람들이 날뛰게 되지. 자네도 직장에서 그런 모습을 보지 않았나?

청 년 아, 뭐…….

철학자 그런 사태를 초래하지 않기 위해서라도 조직은 상벌도 경쟁도 없는 진정한 민주주의를 관철하지 않으면 안 되네. 상벌을 이용해 사람을 조종하려는 교육은 민주주의에서 가장 멀리해야 할 태도라고 생각해주게나.

청 년 그럼 묻죠. 선생님이 생각하는 민주주의란 무엇입니까? 어떤 조직, 어떤 공동체를 민주주의적이라고 할 수 있나요?

철학자 경쟁원리가 아닌 '협력원리'에 기초해서 운영되는 공동체라네.

청 년 협력원리요?!

철학자 타인과의 경쟁이 아니라 협력을 우선으로 생각할 것. 만약 자네가 반을 협력원리에 따라 운영한다면, 학생들은 '사람들은 내 친구다'라는 생활양식을 배우게 되겠지.

청 년 하하. 모두가 사이좋게 최선을 다하자? 요즘에는 유치원에서도 그런 허황된 발언은 통하지 않아요.

철학자 예를 들어 한 남학생이 자꾸만 문제행동을 한다고 하세. 많은 교사가 '이 학생을 어떻게 하면 좋을까' 하고 고민하겠지. 칭찬할까, 야단칠까, 무시할까, 아니면 다른 접근방법을 생각해볼까. 그리고 개별적으로 교무실로 불러서 대처하네. 실은 이 발상 자체가 잘못된 것이라네.

청 년 그러면요?

철학자 이는 그 학생이 '나빠서(惡)' 문제행동을 한 것이 아니라 반 전체에 만연된 경쟁원리에 문제가 있던 걸세. 비유하자면, 그 학생 혼자서 마음의 폐렴을 앓고 있던 게 아니라 이미 반 전체에 심각한 폐렴이 퍼져 있던 것이지. 그중 한 증상으로 그의 문제행동이 드러난 것이고. 이것이 아들러 심리학의 발상일세.

청 년 반 전체의 병이요?

철학자 그래, 경쟁원리라는 이름의 병이지. 교육자에게 필요한 것은 문제행동을 일으킨 '개인'이 아니라 문제행동이 일어난 '공동체'로 눈길을 돌려야 한다는 점이네. 그리고 개인보다는 공동체 자체를 치료해야 한다네.

청 년　반 전체에 퍼진 폐렴을 어떻게 치료한다는 거죠?

철학자　상과 벌을 주던 것을 멈추고 경쟁의 싹을 하나하나 뿌리 뽑는 것. 반에서 경쟁원리를 없애는 것. 그것밖에는 없네.

청 년　그런 건 불가능하고 역효과만 납니다! 잊으셨어요, 이미 저는 '칭찬하는 교육'에 실패했다고요!

철학자　……그래, 알고 있네. 그러면 이쯤에서 우리가 나눈 대화를 정리해보세. 먼저 한 가지. 힘이나 순위를 다투는 경쟁원리는 저절로 '수직관계'를 형성하네. 승자와 패자가 생기고, 거기에서 상하관계가 생기기 때문이지.

청 년　네, 뭐.

철학자　한편 아들러 심리학이 주창하는 '수평관계'를 관통하는 것은 협력원리일세. 누구와도 경쟁하지 않고, 승패도 존재하지 않아. 다른 사람과 비교해서 지식, 경험, 능력에 차이가 있어도 마음 쓰지 않아도 된다네. 학업 성적이나 일의 성과에 관계없이 모든 사람은 대등하며, 타인과 협력하기에 공동체를 만드는 의미가 있지.

청 년　그리고 선생님은 그것이야말로 민주주의국가라고

말씀하시는 거군요?

철학자 그래. 아들러 심리학은 수평관계에 기초한 '민주주의 심리학'인 셈이지.

인생은 '불완전'하게 시작된다

청 년 좋습니다. 대립점이 명확해졌군요. 선생님은 개인의 문제가 아니라 교실 전체의 문제라고 하셨어요. 거기에 만연하는 경쟁원리가 모든 악의 근원이라고요. 반면 저는 개인에 주목합니다. 왜냐? 하하, 선생님의 말씀을 빌리자면 '존경'하니까요. 학생들은 한 사람의 훌륭한 인간으로 고유한 인격을 갖춘 존재입니다. 얌전한 아이, 성격이 활발하고 명랑한 아이, 착실한 아이, 성미가 과격한 아이 등 다양한 학생이 있습니다. 무개성적인 '집단'이 아니라요.

철학자 물론 그렇겠지.

청 년 아니요, 선생님은 입으로는 민주주의를 말하면서 아이들 한 명 한 명을 보려 하지 않고 집단으로만 보려 합니다. 나아가 "시스템을 바꾸면 모든 것이 달라진다"라고 주장하고 있어요. 꼭 전체주의자처럼요! 저는 다릅니다. 시스템 따위 어떻게 되든 상관없어요. 그것이 민주주의든 전체주의든 아무래도 좋습니다. 반 전체에 퍼진 폐렴이 아니라 어디까지나 개인이 걸린 폐렴을 주시할 겁니다.

철학자 계속 그래 왔으니까.

청 년 그러면 구체적으로 어떻게 폐렴을 치료해야 될까요? 이것도 저와 선생님이 대립하는 부분입니다. 제 대답은 '인정해주는 것' 입니다. 인정욕구를 채워주는 거지요.

철학자 오호.

청 년 알고 있어요. 선생님이 인정욕구를 부정한다는 것은 아주 잘 알고 있지요. 하지만 저는 인정욕구를 적극적으로 인정합니다. 이건 현장 경험을 토대로 내린 결론이라서 저도 쉽게 양보할 수는 없습니다. 아이들은 인정받기를 바라며 마음의 병을 앓고 몸의 감각을 잃어가고 있어요.

철학자 이유를 설명해주겠나?

청 년 아들러 심리학에서는 인정욕구를 부정합니다. 왜냐? 인정욕구에 사로잡힌 인간은 타인으로부터 인정받기를 바란 나머지 어느새 타인의 요구와 희망에 맞춰 살아가게 됩니다. 즉 타인의 삶을 살게 되는 거지요. 하지만 인간은 누군가의 기대를 충족시키기 위해 사는 것이 아닙니다. 그 대상이 부모든, 교사든, 다른 누구든 간에 '그 사람'의 기대를 충족시키는 삶의 방식을 택해서는 안 돼요. 그렇죠?

철학자 그래.

청 년 타인의 평가에만 신경 쓰면 자신의 인생을 살지 못합니다. 자유를 빼앗긴 삶이 되고 말죠. 우리는 자유롭지 않으면 안 됩니다. 그리고 자유를 원한다면 인정받기를 바라서는 안 돼요. ……제가 이해한 것이 틀렸습니까?

철학자 틀리지 않았네.

청 년 굉장한, 그야말로 대담한 이야기가 아닙니까? 하지만요, 안타깝게도 우리는 그렇게 강인하지 못합니다! 선생님도 실제로 학생들의 일상을 관찰해보면 알 거예요. 그 아이들이 겉으로는 강한 척해도 속으로는 얼마나 불안해하는지. 도저히 자신감을 갖지 못하고 열등감으로 괴로워합니다. 남한테 인정받기를 간절히 바란다고요.

철학자 말하는 대로네.

청 년 그렇게 쉽게 동의하지 마시죠, 이 시대에 뒤떨어진 소크라테스 선생님. 아시겠어요, 선생님? 선생님이 말하는 인간은 꼭 다비드 상 같다고요!

철학자 다비드 상?

청 년 네, 미켈란젤로의 다비드 상이요. 아시죠? 단단한 근육이 붙은, 균형 잡인 몸에 군살이라고는 하나도 없어 보이는, 실로 이상적인 조각상이죠. 그런데 다비드 상은 피가 통하지 않는 궁극의 이상형이지 현실에 존재하는 인간이 아닙니다. 살아 있는 인간은 위도 아프고, 피도 흘려요! 선생님은 늘 이상의 다비드 상에 빗대어 인간을 말한다고요!

철학자 후후, 재미있는 표현이군.

청 년 반면에 제가 문제 삼는 것은 현실을 사는 인간입니다. 섬세하고 개성이 풍부한, 어디까지나 부드러운 살결을 지닌, 아직은 어설픈 아이들이라고요! 그 아이들 하나하나, 더 건전한 형태로 인정욕구를 채워줄 필요가 있어요. 즉 칭찬할 필요가 있지요. 그렇지 않으면 잃어버린 '용기'를 되찾을 수 없어요! 선생님은 선인(善人)의 가면을 썼지만, 전혀 약자 편에 서려 하지 않아요. 용맹한 사자처럼 이상론만 외치지, 인간의 편에 서서 얘기하지 않는다고요!

철학자 과연. 내 이야기가 현실에서 동떨어진 이상론으로 들린다면, 그건 본의가 아닐세. 철학이란 이상을 추구하면서도 현실에 기초해서 논의하고 고찰하지 않으면 안 되네. 아들러 심리학이 인정욕구를 인정하지 않은 이유에 대해 다른 각도에서 생각해보세.

청 년 흥, 소크라테스답게 변명하시려는 건가요!

철학자 방금 자네가 언급한 열등감이란 키워드가 단서일세.

청 년 오, 열등감에 대해 말씀하시게요? 좋습니다. 제가 열등감의 대가인 건 알고 계시죠?

철학자 먼저, 우리 인간은 어린 시절에 누구도 예외 없이 열등감을 안고 산다. 이것이 아들러 심리학의 대전제일세.

청 년 한 사람도 예외 없이요?

철학자 그래. 인간은 마음의 성장보다 신체의 발달이 늦은, 아마 유일한 생물일 거야. 다른 생물은 몸과 마음의 성장 속도가 일치하는 데 비해 인간만이 마음이 먼저 성장하고 신체가 뒤늦게 발달하지. 어떤 의미에서는 손발이 꽁꽁 묶인 채로 사는 것 같다고 할까. 마음은 자유롭지만 몸은 자유롭지 못하니까.

청 년　오, 재미있는 관점이네요.

철학자　그 결과, 인간의 아이들은 심리 면에서 '하고 싶은 일'과 신체 면에서의 '할 수 있는 일'의 차이가 생겨 괴로워하지. 주변의 어른들이 할 수 있는 것을 자기는 못하거든. 가령 어른들은 손을 뻗으면 닿을 수 있는 선반에 자신들은 닿지 않아. 어른들이 들 수 있는 돌을 자신들은 들지 못하고. 어른들이 주고받는 화제에 참여할 수도 없어. ……이 무력감, 보태자면 '자신의 불완전함'을 경험하는 아이들은 원리적으로 열등감을 느낄 수밖에 없다네.

청 년　처음부터 '불완전한 존재'로서 인생을 시작한다는 겁니까?

철학자　그래. 물론 아이들은 인간으로서 '불완전'한 존재는 아닐세. 그저 몸이 마음의 성장을 따라가지 못하는 것뿐이지. 하지만 어른들은 신체적 조건만을 보고 '어린애 취급'을 하고 아이들의 마음을 보려 하지 않아. 그러니 열등감으로 괴로워하는 것도 당연하지. 마음은 어른과 다르지 않은데, 인간적인 가치를 인정받지 못하니까.

청 년　모든 인간이 '불완전한 존재'로 시작해서 누구나 열등감을 경험한다니요. 너무 비관적인 의견입니다.

철학자　나쁘기만 한 것은 아닐세. 열등감은 핸디캡이 아닌, 늘 노력과 성장의 촉진제가 되어 왔으니까.

청 년　오, 어떤?

철학자　만약 인간이 말만큼 발이 빨랐다면 마차를 발명하는 일은 없었을 거야. 자동차도 그렇고. 새처럼 하늘을 날 수 있다면 비행기도 발명되지 않았을 테지. 흰곰처럼 온몸이 털가죽으로 덮여 있었더라면 방한복도 발명되지 않았을 것이고, 돌고래처럼 헤엄칠 수 있었다면 배도 나침반도 필요하지 않았겠지. 문명이란 인간의 생물학적 약점을 보상하기 위한 산물이고, 인류사는 열등성을 극복하는 과정인 셈이지.

청 년　인간이 나약해서 이만큼 문명을 세웠다는 겁니까?

철학자　그래. 더 보태자면, 인간은 약하기 때문에 공동체를 만들고 협력관계를 맺으며 살고 있네. 그 옛날 수렵채집 시대부터 우리는 집단생활을 통해 동료와 협력해서 먹을 것을 사냥하고 아이들을 키웠네. 협력하고 싶어서가 아닐세. 더 절실하게, 혼자서는 살아갈 수 없을 만큼 나약했기 때문이지.

청 년 인간은 그 '나약함' 때문에 집단을 형성하고 사회를 구축했다. 우리의 힘과 문명은 '나약함'의 산물이라는 뜻인가요?

철학자 거꾸로 말하면, 인간에게 고립만큼 무서운 것은 없다네. 고립된 인간은 몸의 안전뿐 아니라 마음의 안전까지도 위협받지. 혼자서는 살아갈 수 없다는 것을 본능적으로 알고 있으니까. 때문에 우리는 항상 타인과 강고한 '유대'를 끊임없이 갈망하는 거라네. ……이 사실이 무엇을 의미하는지 아나?

청 년 ……아니요. 뭐죠?

철학자 모든 인간에게는 공동체 감각이 내재되어 있고, 그것은 인간의 정체성(identity)과 깊이 관련되어 있다는 뜻이지.

청 년 무슨!

철학자 등딱지가 없는 거북이를 상상할 수 없는 것처럼, 혹은 목이 짧은 기린을 상상할 수 없는 것처럼 다른 사람과 떨어져 사는 인간이란 있을 수 없네. 공동체 감각은 '익히는' 것이 아니라 자기 안에서 '발굴하는' 것이고, 그렇기 때문에 '감각'으로 공유할 수 있는 걸세. 아들러는 이렇게 지적했네. "공동체 감각은 언제나 신체의 약함을 반영한 것이고, 그것과 분리될 수 없다."

청 년 인간의 '나약함'에서 비롯된 공동체 감각…….

철학자 인간은 신체적으로 약하네. 하지만 그 마음은 어떤 동물에도 뒤지지 않을 만큼 강인하지. 친구끼리의 경쟁으로 세월을 보내는 것이 얼마나 자연의 이치에 어긋나는 일인지 잘 알겠나? 공동체 감각이란 뜬구름 같은 이상이 아닐세. 우리 인간에게 내재된 삶의 근본 원리인 셈이지.

공동체 감각! 그토록 이해하기 힘들고, 그 알맹이가 무엇인지 불투명했던 아들러 심리학의 핵심 개념이 여기에서 밝혀졌다. 인간은 그 신체적 나약함 때문에 공동체를 만들고 협력관계를 맺으며 살아간다. 인간은 늘 다른 사람과 '관계' 맺기를 간절히 원한다. 모든 인간의 마음에는 공동체 감각이 내재되어 있기 때문이다. 철학자는 말한다. 자신의 공동체 감각을 발굴해서 타인과 '관계' 맺는 것을 추구하라고.

……청년은 간신히 질문을 던졌다.

'나는 나'라는 용기

청 년 하, 하지만 열등감과 공동체 감각이 왜 인정욕구를 인정하지 않는 것과 이어지나요? 오히려 서로를 인정함으로써 관계를 강화할 수 있을 텐데요.

철학자 그러면 여기서 다시 '문제행동의 5단계'를 떠올려보게.

청 년 ……네. 수첩에 잘 적어놓았습니다.

철학자 학생들이 '칭찬을 요구'하고, '주목 끌기'나 '권력투쟁'에 나서는 목적이 뭘까? 기억하고 있나?

청 년 인정받고 싶다, 반 안에서 특별한 지위를 얻고 싶다. 그거 아닙니까?

철학자 맞아. 그러면 특별한 지위를 얻는다는 것은 뭐지? 왜 그것을 요구할까? 자네 의견은 어떤가?

청 년 존경받고 싶다든가 돋보이고 싶은, 그런 마음이겠죠.

철학자 엄밀하게는 아닐세. 아들러 심리학에서는 인간이 가진 가장 기본적 욕구를 '소속감'이라고 생각하네. 즉 고립되고 싶지 않다, '여기에 있어도 좋다'고 실감하기를 바라지. 고립은 사회적인 죽음을 뜻하고, 결국에는 생물학적 죽음과도 연결되니까. 그러면 어떻게 해야 소속감을 가질 수 있을까? ……공동체 안에서 특별한 지위를 얻는 걸세. '그 외 다수'가 되지 않는 거지.

청 년 '그 외 다수'가 되지 않는 거라고요?

철학자 그렇다네. 둘도 없이 소중한 이 '나'는 '그 외 다수'로 있으면 안 되네. 언제, 어느 때라도 나만의 있을 곳이 확보되어 있어야 하지. '여기에 있어도 좋다' 하는 소속감이 흔들려서는 안 되네.

청 년 그렇다면 점점 제 주장이 맞는 거잖아요. 칭찬을 통해 그 절실한 인정욕구를 채워주면 되잖아요. "너는 불완전한 존재가 아니야", "너는 가치가 있어"라고 알려주면서. 그 외에는 길이 없어요!

철학자 아니. 그러면 안타깝게도 그 너머에 있는 진정한 '가치'를 실감하지 못하게 된다네.

청 년 왜요?

철학자 인정받는 것에는 끝이 없네. 남에게 칭찬받고 인정받는 것. 그로 인해 잠깐은 '가치'를 실감할 수 있겠지. 하지만 거기서 얻는 기쁨은 어차피 외부에서 주어진 것에 불과해. 마치 사람이 태엽을 감아주지 않으면 움직이지 못하는 태엽장치 인형처럼.

청 년 그, 그럴지도 모르지만…….

철학자 칭찬받는 것을 통해서만 행복을 실감하는 사람은 인생의 마지막 순간까지 '더 칭찬받기'를 바라네. 그 사람은 '의존'의 위치에 놓인 채로 영원히 갈구하는 삶을, 영원히 충족되지 않는 삶을 살게 되겠지.

청 년 그러면 어떻게 하라고요?

철학자 타인으로부터 인정받기를 원하지 말고, 자신의 의사로 스스로를 인정해야 하네.

청 년 스스로를 인정하라고요?

철학자 '나'의 가치를 남들이 정하는 것. 그것은 의존일세. 반면 '나'의 가치를 내가 결정하는 것. 이것은 '자립'이지. 행복한 삶이 어디에 있는지 답은 명확하겠지. 자네의 가치를 정하는 것은 다른 누군가가 아니라네.

청 년 그런 건 불가능해요! 우리는 스스로 자신이 없어서 남에게 인정받기를 바라는 거라고요!

철학자 아마도 그건 '평범해질 용기'가 부족해서겠지. 있는 그대로 있으면 되네. '특별'한 존재가 아니어도, 특별히 뛰어나지 않아도 자네가 있을 곳은 거기에 있어. 평범한 자신을, '그 외 다수'로서의 자신을 받아들이게.

청 년 ……저는 조금도 뛰어난 데가 없는, 평범한 '그 외 다수'라는 겁니까?

철학자 아닌가?

청 년 ……후후, 태연한 얼굴로 그런 모욕적인 말씀을 하시다니. ……지금 저는 인생 최대의 모욕을 당했습니다.

철학자 모욕이 아닐세. 나도 평범한 인간이야. 그리고 '평범한 것'은 전혀 부끄러울 게 없는 하나의 개성이라네.

청 년 웃기는 소리 마세요, 이 사디스트 같으니. "너는 어디에서나 볼 법한 평범한 인간이다"라는 말을 듣고 모욕을 느끼지 않을 현대인이 어디 있겠습니까! "그것도 개성이다"라는 위로를 진정으로 받아들일 사람이 어디에 있느냐고요!

철학자 만약 내 말을 모욕이라고 느낀다면, 자네는 여전히 '특별한 나'로 있으려고 하는 걸세. 그러니 남들로부터 인정받기를 바라고, 그러니 칭찬받기 위해서 '주목 끌기'를 하면서 여전히 문제행동의 테두리 안에서 사는 거야.

공동체 감각은 '익히는' 것이 아니라 자기 안에서 '발굴하는' 것이고,
그렇기 때문에 '감각'으로 공유할 수 있는 걸세.

공동체 감각이란 뜬구름 같은 이상이 아닐세.
우리 인간에게 내재된 삶의 근본 원리인 셈이지.

청 년 노, 놀리지 마세요!

철학자 알겠나, '남과 다른 것'에 가치를 두지 말고 '나는 나'라는 것에 가치를 두게나. 그것이 진정한 개성이라네. '나는 나'임을 인정하지 못하고, 타인과 비교하고 그 '차이'에만 주목하려는 것은, 타인을 속이고 자신에게 거짓말을 하는 삶의 방식이나 다름없네.

청 년 타인과의 '차이'를 강조하지 말고, 비록 평범할지언정 '나는 나'라는 것에 가치를 두어라……?

철학자 그래. 자네의 개성이란 상대적인 것이 아니라 절대적인 것이니까.

청 년 ……그러면 그 개성인지 뭔지에 대해 제가 도달한 결론을 말해보죠. 학교교육의 한계를 보여주는 결론을.

철학자 오, 말해주게나.

그 문제행동은 '당신'을 향하고 있다

청 년 ……이 말을 할까 말까 쭉 망설였는데, 결국 이렇게 되는군요. 솔직히 말하죠. 저는요, 마음속 어딘가에서 학교교육에 대해 한계를 느끼고 있어요.

철학자 한계?

청 년 네. 우리 교육자가 '할 수 있는 일'에는 한계가 있어요.

철학자 무슨 뜻이지?

청 년 반에는 밝고 외향적인 학생도 있고, 소심하고 자립적이지 못한 학생도 있어요. 아들러의 말을 빌리자면, 모두 각자 고유의 생활양식(세계관)을 갖고 있죠. 같은 아이는 한 사람도 없어요. 그게 개성이죠?

철학자 그래.

청 년 그러면 그 아이들은 어디에서 그 생활양식을 배웠을까요? 십중팔구는 가정이겠지요.

철학자 분명히. 가정의 영향은 크니까.

청 년 그리고 여전히 학생들은 하루의 대부분을 가정에서 보냅니다. 그것도 한 지붕 아래에서, 말도 안 되게 가까운 거리에서 '생활 그 자체'를 가족들과 함께 영위하지요. 가정에 따라 교육에 열심인 부모도 있고, 아이 양육에 별 관심이 없는 부모도 있습니다. 부모가 이혼한 아이, 부모와 따로 사는 아이, 부모와 사별한 아이도 있겠지요. 당연히 경제적인 조건도 다르고,

아이를 학대하는 부모도 있을 겁니다.

철학자 그래, 안타깝게도.

청 년 반면 우리 교사 한 명이 학생에게 헌신할 수 있는 기간은 졸업까지 얼마 안 됩니다. 거의 일생에 걸쳐 헌신할 수 있는 부모와는 전제 조건부터가 다르지요.

철학자 그래서 자네의 결론은?

청 년 먼저 인격 형성까지 포함하는 '넓은 의미로서의 교육'은 가정에 책임이 있습니다. 다시 말해 폭력적인 문제아가 있다고 하면, 그런 아이로 자란 데에 대한 일차적 책임은 그렇게 키운 부모에게 있습니다. 이는 결코 학교 측의 책임이 아니에요. 우리 교사에게 기대하는 역할이란 '좁은 의미에서의 교육', 즉 교과 차원의 교육에 불과합니다. 그 이상을 넘어가면 관여할 수가 없어요. 부끄럽지만 그것이 현실이자 결론입니다.

철학자 과연. 아마 아들러가 그 결론을 들었다면 그 자리에서 반박했을 걸세.

청 년 왜요? 어떻게요?!

철학자 자네가 내린 결론이 아이들의 인격을 무시하고 있으니까.

청 년 인격을 무시하고 있다고요?

철학자 아들러 심리학에서는 인간의 모든 말과 행동을 인간관계 속에서 생각하네. 예를 들어 리스트컷증후군(wrist-cut syndrome)[1] 같은 자해행위를 하는 사람이 있을 때, 그 행위가 아무것도 없는 허공을 향한다고는 볼 수 없어. 누군가 보라고 스스로를 상처 입히는 것이지. '복수'하기 위해 문제행동을 하는 것처럼. 즉 모든 말과 행동에는 그것이 향하는 '상대'가 있다고 봐야 하네.

청 년 그래서요?

철학자 자네가 맡은 반 학생들은 가정에서 어떻게 행동할까? 이는 그 가정에 속하지 않은 우리가 알 수는 없어. 아마도 학교에서와 전적으로 똑같은 얼굴을 하고 있지는 않겠지. 부모에게 보이는 얼굴과 교사에게 보이는 얼굴, 친구에게 보이는 얼굴, 선배와 후배에게 보이는 얼굴이 같은 사람은 없으니까.

청 년 뭐, 그럴지도 모르죠.

철학자 그리고 지금 자네 반에 자꾸 문제행동을 일으키는

1 손목자해증후군. 상습적으로 칼과 같은 도구 등으로 자신의 손목 안쪽이나 팔뚝 등을 긁는 행위를 말한다. 자신이 살아 있음을 느끼기 위한 강박적인 행동이다.

학생이 있네. 그 문제행동은 누구를 향한 것일까? 물론 '자네' 겠지.

청 년 네……?!

철학자 그 학생이 '자네에게 보이는 얼굴' 이라는 가면을 쓰고 있을 때에는 다른 누구도 아닌 '자네' 를 향해서 그 문제행동을 계속하는 거라네. 부모의 문제가 아닐세. 오로지 자네와 학생 사이에서 일어난 문제지.

청 년 가정교육은 관계없다는 말씀입니까?

철학자 그것은 '알 수도 없고' '개입할 수도 없는' 부분이지. 어쨌든 그 아이들은 지금 자네에게 보여주기 위해서 '이 선생님의 수업을 방해하자' 라든가 '이 선생님이 내준 숙제를 무시하자' 라고 결심한 상태라네. 물론 학교에서는 문제행동을 계속하면서 '부모님 앞에서는 착한 아이로 있자' 라고 결심한 아이도 있지. 이는 자네를 향한 행동이니 자네가 먼저 받아들이지 않으면 안 돼.

청 년 제가, 제 교실에서 해결해야 할 과제라고요?

철학자 틀림없이 그러하네. 그 아이들은 다른 누구도 아닌 '자네' 에게 도움을 요청하고 있으니까.

청 년 그 아이들이, 다른 누구도 아닌, '나' 를 향해서 계속 문제행동을 하고 있다니…….

철학자 그것도 자네가 보는 앞에서, 자네가 볼 때를 골라서. 가정이 아닌 다른 '세계'에, 즉 교실에서 자신이 있을 곳을 찾고 있는 것이라네. 자네는 존경을 통해 그 아이들에게 있을 곳을 제시하지 않으면 안 되네.

왜 인간은 '구원자'가 되려고 하는가

청 년 ……정말 아들러가 원망스러워요! 만약 아들러를 몰랐더라면 저도 이렇게 괴로워할 필요가 없었을 텐데. 다른 교사들과 마찬가지로 야단쳐야 할 학생을 야단치고, 칭찬해야 할 학생을 칭찬하고, 아무런 의문도 갖지 않은 채 학생들을 지도했겠지요. 학생들은 제게 감사한 마음을 갖고, 저 또한 교사를 천직으로 알고 완수해냈을 테고요. 차라리 이런 이상 따위 모르는 게 나았다는 생각마저 들어요!

철학자 분명 아들러의 사상을 한번 알게 되면 이미 그 전으로 돌아가긴 어렵지. 자네와 마찬가지로 아들러를 접한 많은 사람이 "그것은 이상론이다", "비과학적이다"라고 무시하려고 하네. 하지만 그럴 수 없다네. 마음속 어딘가에 위화감이 남아서 자신의 '거짓'을 자각하지 않을 수 없거든. 그야말로 인생의 극약 처방이라고 할 수 있지.

청 년 지금까지의 논의를 정리해보죠. 먼저 아이를 야단쳐서는 안 된다. 야단치는 것은 서로의 '존경'을 훼손하는 행위이기 때문이다. 화를 내고 질책하는 것은 그만큼 값싼, 미숙하고 폭력적인 커뮤니케이션 수단이다. 그렇죠?

철학자 그래.

청 년 그리고 칭찬해서도 안 된다. 칭찬하는 행위는 공동체 안에서 경쟁원리를 낳고, 아이들에게 '타인은 적이다'라는 생활양식을 심어주게 된다.

철학자 그대로네.

청 년 나아가 야단치는 것과 칭찬하는 것, 즉 상벌은 아이의 '자립'을 방해한다. 상벌이란 아이를 자신의 지배하에 두려는 행위이고, 여기에 의지하는 어른들은 마음속 어딘가에서 아이의 '자립'을 두려워하기 때문이다.

철학자 아이들이 언제까지나 '아이'로 있어주기를 바라지.

그래서 상벌이라는 형태로 아이들을 옭아매는 것이고. "다 너를 생각해서", "네가 걱정돼서"라는 핑계거리를 준비하고 아이가 더는 자라지 못하도록 붙잡아 둔다네. ……이런 어른들의 태도에는 일말의 존경도 없을뿐더러 그런 어른들과는 좋은 관계를 맺을 수도 없네.

청 년 그뿐 아닙니다. 아들러는 '인정욕구'까지 부정한다. 타인으로부터 인정받으려 하지 말고, 자기가 자신을 인정해야 한다고 말한다.

철학자 그래. 이것은 자립의 맥락에서 생각해야 할 문제라네.

청 년 압니다. '자립'이란 스스로 자신의 가치를 결정하는 것이다. 반면 자신의 가치를 타인이 정하게 하는 태도, 즉 인정욕구는 그냥 '의존'이다. 그렇게 말씀하셨죠?

철학자 그렇네. 자립이라는 말을 들었을 때, 그것을 경제적 측면에서만 생각하는 사람이 있지. 하지만 비록 열 살짜리 아이일지라도 자립할 수 있고, 쉰 살이 되고 예순 살이 되어도 자립하지 못하는 사람도 있다네. 자립이란 정신의 문제인 셈이지.

청 년 ……좋습니다. 분명 훌륭한 논리입니다. 적어도 이 서재에서 주고받는 철학으로서는 전혀 나무랄 데가 없어요.

철학자 그래도 자네는 '이 철학'에 만족하지 않지.

청 년 ……후후, 그래요. 철학에 그치지 않고, 이 서재 밖, 특히 제가 가르치는 교실에서 통용되는 실용적인 학문이 아니라면 납득할 수 없어요. 선생님, 선생님은 제게 아들러를 주입한 장본인입니다. 물론 최종 결정을 내려야 하는 사람은 저겠죠. 하지만 "그렇게 해서는 안 돼", "저렇게 해서는 안 돼"라고 금지 법칙만 나열해서는 곤란합니다. 그러지 말고 몇 가지 선택지를 제시해주세요. 이대로라면 저는 상벌교육으로도 돌아가지 못하고, 그렇다고 아들러의 교육을 끝까지 믿겠다는 각오도 할 수 없어요!

철학자 답은 간단하네.

청 년 그야, 선생님의 답은 간단하시겠지요. "아들러를 믿어라, 아들러를 선택하라." 답이 그것밖에 없으니까요.

철학자 아니. 아들러를 버리느냐 마느냐는 이미 어떻게 되든 상관없네. 중요한 점은 이쯤에서 한번 교육에 대한 논의에서 벗어나는 것이라네.

청 년　교육에서 벗어난다고요?

철학자　한 사람의 벗으로서 말하지. 자네는 오늘 내내 교육에 대해 이야기하고 있네. 하지만 진짜 고민은 거기에 없어. 자네는 여전히 행복하지 않아. '행복해질 용기'가 없지. 그리고 자네가 교사의 길을 택한 것은 아이들을 구하고 싶어서가 아닐세. 아이들을 구함으로써 자네 스스로를 구하고 싶었던 거지.

청 년　무슨 말인가요?!

철학자　타인을 구함으로써 자신을 구하고자 하네. 스스로를 일종의 구원자로 포장해서 자신의 가치를 실감하려고 하지. 이는 열등감을 떨쳐내지 못한 사람이 종종 빠지는 열등 콤플렉스의 한 형태일세. 일반적으로 '메시아 콤플렉스'라고 하네. 메시아, 즉 타인의 구원자가 되려고 하는 심적 도착이라네.

청 년　노, 농담하지 마세요. 갑자기 뭔 말입니까!

철학자　그렇게 화를 내며 언성을 높이는 것도 열등감의 표상일세. 인간은 자신의 열등감을 자극 당했을 때 분노의 감정을 이용해서 해결하려고 하니까.

청 년　에잇, 이……!!

철학자 중요한 말은 이제부터라네. 불행한 사람이 누군가를 구하려고 하면, 그것은 자기만족에 그치고 누구 한 사람 행복해지질 않아. 실제로 자네는 아이들을 구하겠다고 나섰지만 여전히 불행의 한가운데에 있지. 자신의 가치를 실감하길 바라고 있네. 그렇다면 우리가 여기서 더 이상 교육론으로 부딪혀봤자 의미가 없어. 일단은 자네 스스로가 행복을 쟁취할 것. 그렇지 않다면 여기서 나눈 논의는 전부 쓸모없을뿐더러 서로 언성만 높이다가 끝날 수도 있네.

청 년 쓸모없다고요? 지금까지 나눈 논의가 쓸모없다?

철학자 만약 자네가 이대로 '변하지 않는 것'을 선택한다면, 나는 그 결정을 존중할 걸세. 지금 모습 그대로 학교로 돌아가면 되겠지. 하지만 '변하는 것'을 선택하겠다면, 그날은 오늘밖에 없네.

청 년 …….

철학자 우리는 이미 일과 교육이 아니라 자네의 인생 자체를 묻는 논의로 넘어왔네.

교육 논의에서 벗어나자. 너는 아이들을 구하고 싶은 것이 아니라 교육을 통해 불행의 한가운데에 있는 너 자신을 구하고 싶은 것이다. 청년에게 이 말은 교사로서의 자신을 완전히 부정하고 사직을 권고하는 것이나 다름없었다. 아들러가 비추는 불빛에 눈을 뜬 이후, 모든 어려움을 물리치고 교사의 길에 뜻을 둔 내게 이런 심한 처사가 기다릴 줄이야! 문득 청년은 생각했다. 소크라테스에게 사형을 선고한 아테나 사람들이 이런 기분이었을까? 이 남자는 너무 위험하다. 이 부도덕한 자를 방치한다면, 머지않아 세계는 허무주의의 독에 빠지고 말리라.

교육은 일이 아닌 '관계를 맺는 것'이다

청 년 이야, 선생님. 선생님은 제 자제력에 감사하지 않으면 안 됩니다. 만약 제가 열 살, 아니 다섯 살만 어렸더라면 자제심을 잃고 주먹을 날려서 선생님의 코뼈를 부러트렸을 겁니다.

철학자 후후, 으스스하군그래. 그러고 보니 아들러도 상담자에게 맞은 적이 있었지.

청 년 그런 일도 있었겠지요. 그런 무자비한 이론을 펼치고 앉았으니 당연한 대가입니다!

철학자 어느 날, 아들러는 중증 정신장애를 앓고 있는 소녀를 맡게 되었네. 이미 8년간 증상이 계속되었고, 2년 전부터 억지로 입원생활을 하고 있던 소녀였지. 처음 만났을 때 그 소녀는 "개처럼 짖고, 침을 뱉고, 옷을 찢으며, 손수건을 먹으려 했다"라고 하더군.

청 년 ……그런 상태라면 이미 카운슬링의 범주를 벗어났는데요.

철학자 그래. 입원병동 담당의사도 포기할 정도로 증상이 심했지. 그래서 "당신이라면 고칠 수 있지 않을까?" 하고 아들러를 불러들인 거라네.

청 년 아들러가 고쳤습니까?

철학자 그래. 결국 소녀는 사회에 복귀해서 스스로 생계를 꾸리고, 주변 사람들과 조화를 이루며 살 정도로 회복했네. 아들러는 "(현재의) 그녀를 본 누구도 그녀가 과거에 정신질환을 앓은 적이 있었다고는 믿지 않을 것이다"라고 말했지.

청 년 대체 어떤 마법을 부린 겁니까?

철학자 아들러 심리학에 마법은 없네. 아들러가 한 일은 오로지 말을 거는 것뿐이었지. 처음 8일간 아들러는 매일 소녀를 찾아가서 말을 걸었네. 하지만 그녀는 입도 벙긋하지 않았지. 그럼에도 시간을 두고 일정한 간격으로 계속 카운슬링을 하자, 30일 후에는 꽤 혼란스럽고 이해하지 못하는 모습이긴 했지만, 차츰 말을 하기 시작했다더군. 아들러는 소녀가 개처럼 행동한 이유에 대해서 이렇게 이해했네. 소녀는 어머니가 자신을 '개처럼 대했다'고 느꼈어. 소녀 말대로 어머니가 개처럼 대했는지 아닌지는 알 수 없네. 어쨌든 소녀는 그렇게 '느꼈다'네. 그런 어머니에 대한 반발로 '차라리 개처럼 행동하자'라고 무의식중에 결심했지.

청 년 말하자면, 일종의 자해행위로요?

철학자 자네 말대로 자해행위지. 인간으로서의 존엄에 상처를 입고, 그 상처를 자신의 손으로 후벼 팠던 걸세. 그래서 아들러는 대등한 인간으로서 끈기 있게 말을 걸었던 것이고.

청 년 ……과연.

철학자 자, 그렇게 카운슬링을 계속하던 어느 날, 소녀가 갑자기 아들러에게 달려들어 때렸네. 이때 아들러가 어떻게 했을까? ……그는 전혀 저항하지 않고, 소녀가 때리는 대로 맞았네. 그리고 소녀가 흥분에 못 이겨 유리창을 깨서 손가락에 상처를 입자, 아들러는 말없이 상처 난 손가락에 붕대를 감고 치료해주었지.

청 년 후후. 너무 성스러운 일화 아닙니까. 선생님은 그렇게 해서 아들러를 성인(聖人)으로 둔갑시키려고 하시겠죠. 하하하, 안타깝지만 저는 속지 않아요!

철학자 물론 아들러는 성인이 아니거니와 도덕적 관점에서 '무저항'의 길을 택한 것도 아닐세.

청 년 그러면 왜 저항하지 않은 겁니까?

철학자 아들러는, 소녀가 처음으로 입을 연 순간 '나는 그녀의 친구다'라고 느꼈다더군. 이유 없이 맞았을 때도 그저 '우호적인 눈'으로 바라보았다고 하고. 즉 아들러는 일로서, 직업으로서 소녀를 대한 것이 아니라 한 사람의 친구로서 대한 것이지. 오랫동안 마음의 병을 앓던 친구가 정신이 혼란해져서 달려들어 때렸다. ……그렇게 생각하면 아들러의 행동이 결코 특수한 게 아님을 이해할 수 있을 걸세.

청 년 ……뭐, 정말로 친구라면요.

철학자 자, 여기서 다시 우리는 기억을 떠올려봐야 하네. "카운슬링이란 자립을 위한 재교육이고, 카운슬러는 교육자다. 그리고 교육자는 카운슬러다." 이 정의를. 카운슬러이자 교육자였던 아들러는 상담자를 '한 명의 친구'로서 대했네. 그렇다면 자네도 학생들을 '한 사람의 친구'로서 대해야겠지. 자네도 교육자이자 카운슬러니까.

청 년 어?!

철학자 자네가 아들러 이론을 토대로 한 교육에 실패하고, 여전히 행복을 실감하지 못하는 이유는 간단하네. 일, 교우, 사랑이란 세 가지 '인생의 과제'를 피하고 있기 때문일세.

청 년 인생의 과제를요?!

철학자 자네는 지금 '일'로서 학생들을 대하고 있어. 하지만 아들러가 직접 보여주었듯이 학생들과의 관계는 '교우'에 해당하네.[2] 그 단추를 잘못 꿴 채로 교육 현장에 나섰으니 잘될 턱이 없지.

청 년 하, 어처구니없는 소리 마세요! 그 아이들과 친구처럼 굴라고요?

---

2 '교우'라는 말은 '벗과 사귐'이라는 뜻을 내포하고 있다. 그리고 이 '벗'의 의미는 '친구'보다 범위가 넓다. 아들러는 넓은 의미에서의 '교우의 관계'를 말했고, 따라서 이 책에서도 넓은 의미의 사귐, 즉 '사람과 사람이 관계를 맺는 것'에 초점을 맞추고 있으므로 문맥상 그대로 '교우'를 사용했다.

철학자 그런 것처럼 '행동'하라는 게 아닐세. 진정한 의미에서 '교우'의 관계를 맺으라는 걸세.

청 년 그럴 수 없어요! 저는 전문 교육자로서 자부심을 갖고 있습니다. 전문가이자 보수가 따르는 '일'이기에 그 중책을 충실히 해낼 수 있는 거라고요!

철학자 자네가 하려는 말은 충분히 이해하네. 하지만 내 의견은 변함없어. 자네가 학생들과 맺어야 하는 관계는 '교우'일세. 3년 전에는 인생의 과제에 대해 심도 있게 설명하지 못했네. 인생의 과제를 이해하면, 분명 내가 처음에 말한 '인생 최대의 선택'이 무슨 뜻인지 이해하게 될 걸세. 그리고 자네가 알아야 할 '행복해질 용기'에 대해서도.

청 년 만약 납득하지 못하면요?

철학자 아들러를 버리고, 나를 버리고, 떠나면 되지.

청 년 ……재밌네요. 그만큼 자신 있다는 거죠?

— 네 번째 이야기 —

주라, 그러면 얻을 것이다

철학자의 서재에는 시계가 없었다. 여기까지 논의를 주고받는 데 시간이 얼마나 흐른 것일까? 날이 밝으려면 앞으로 얼마나 더 시간이 흘러야 할까? 청년은 손목시계를 잊고 온 자신의 어리석음을 탓하며 방금 나눈 대화를 반추해보았다.

……메시아 콤플렉스라고? 학생들과 '교우' 관계를 맺으라고? 농담하지 마! 이 남자는 내가 아들러를 오해하고 있다고 말했다. 하지만 당신이야말로 나를 오해하고 있어. 인생의 과제를 회피하고 타인과의 교류를 피하고 있는 사람은 이 서재에 틀어박혀 있는 당신이라고!

모든 기쁨도 인간관계에서 비롯된다

청 년 저는 지금 불행의 한가운데에 있습니다. 학교교육에 대해 고민하는 것이 아니라 그저 인생에 대해 고민하고 있습니다. 그 이유는 '인생의 과제'를 회피하기 위해서고요. ……선생님은 이렇게 말씀하셨지요?

철학자 간단히 정리하자면.

청 년 게다가 학생들을 '일'로서 대하지 말고 '교우'로서 관계를 맺으라고 하셨습니다. 그 이유는 더 시시해요. "아들러도 그렇게 했으니까"라는 겁니다. 아들러는 상담자를 한 사람의 친구로서 대했어요. 저 아들러 님이 그렇게 했으니까 너도 그래야 한다. ……그런 이유를 제가 납득할 것 같습니까?

철학자 "아들러도 그렇게 했으니까"라는 근거만 댄다면 도저히 납득할 수 없겠지. 당연하지만 논거는 다른 곳에 있네.

청 년 그 논거를 제대로 밝혀주지 않으면 그냥 억지 부리는 걸로 알겠습니다.

철학자 알았네. 아들러는 개인이 사회를 살아가는 데 있어 직면할 수밖에 없는 과제를 '인생의 과제'라고 했네.

청 년 압니다. 일의 과제, 교우의 과제, 사랑의 과제죠.

철학자 그래. 여기서 핵심은 그것이 인간관계의 과제라는 점일세. 예를 들어, '일의 과제'라고 하면 노동 자체가 아닌 일과 관련된 인간관계에 주목하는 것이지. 그런 의미에서 '일의 관계', '교우의 관계', '사랑의 관계'라고 하는 편이 더 이해하기 쉬울지 몰라.

청 년 다시 말해, '행위'가 아닌 '관계'에 주목하라고요?

철학자 그래. 그러면 왜 아들러는 인간관계에 주목하는 걸까? 이는 아들러 심리학의 근간과 관련된 논의라네.

모르겠나?

청 년 아들러가 내린 '고뇌'의 정의, 즉 '모든 고민은 인간관계에서 비롯된다'라는 것이 전제라서 그렇겠지요.

철학자 그대로네. 이 정의에 대해서도 설명이 좀 더 필요하겠지. 애초에 '모든 고민'이 '인간관계의 고민'이라고 단언할 수 있는 까닭은 어디에 있을까? 아들러에 따르면…….

청 년 아, 또 돌려 말하시네! 제가 짧게 설명하고 얼른 끝낼게요. "모든 고민은 인간관계에서 비롯된 고민이다." 이 말의 진의는요, 거꾸로 생각하면 됩니다. 만약 우주에 '나 혼자'만 존재한다면 어떻게 되는가? 아마 언어도 논리도 존재하지 않는 세계가 되겠죠. 경쟁도 질투도 없고, 하물며 고독도 없는. 인간은 '나를 소외시키는 타인'이 존재해야 고독을 실감할 수 있으니까요. 정말로 '혼자'라면 고독도 느끼지 않을 겁니다.

철학자 그래, 고독은 '관계' 속에서만 존재하지.

청 년 하지만 이런 가정이 있을 수 없는 것 또한 사실입니다. 우리가 남들로부터 떨어져서 사는 것은 원리적으로 불가능하기 때문이에요. 모든 인간은 어머니의

뱃속에서 태어나 젖을 먹고 자란다. 혼자서 밥을 먹을 수 있기는커녕 자다가 몸을 뒤척이는 것조차 하지 못하는 상태로 태어나요. 그리고 갓난아기인 우리가 눈을 뜨고 타인—대개의 경우, 그 사람은 어머니겠죠—의 존재를 확인하는 순간, 거기서부터 '사회'가 탄생합니다. 그 후 아버지, 형제, 혹은 가족 이외의 타인이 등장하고 사회는 점점 복잡해져요.

철학자 그래.

청 년 사회의 탄생, 그것은 즉 '고뇌'의 탄생입니다. 사회 속에서 우리는 충돌, 경쟁, 질투, 고독, 심지어 열등감 등 다양한 고뇌에 직면합니다. '나'와 '그 사람' 사이에 불협화음이 울려 퍼집니다. 이제 그 포근하고 따뜻한 양수 안에 있던 고요한 나날로는 두 번 다시 돌아갈 수 없어요. 시끌벅적한 인간 사회에서 살아가는 수밖에는 없다고요. 타인이 존재하지 않으면 고민도 존재하지 않는다. 하지만 타인으로부터 벗어나는 것은 절대 불가능하다. 결국 인간이 안고 있는 '모든 고민'은 인간관계에서 비롯되기 때문이다. ……제가 잘못 이해한 부분이 있습니까?

철학자 아니, 아주 잘 정리해주었네. 단 하나만 더 보충하지.

모든 고민이 인간관계에서 비롯된다고 해서 타인과 관계를 끊으면 고민이 해결이 될까? 타인을 멀리하고 자기 방에 틀어박혀 산다고 해결이 될까? 그렇지 않다네. 절대 아니지. 왜냐하면 인간의 기쁨 또한 인간관계에서 비롯된다네. '우주에 혼자서' 사는 사람은 고민이 없는 대신 기쁨도 없어. 단조로운 일생을 보내게 되겠지. 아들러가 '모든 고민은 인간관계에서 비롯된다'라고 말했던 이면에는 '모든 기쁨도 인간관계에서 비롯된다'라는 행복의 정의가 숨어 있다네.

청 년 그러니 우리는 '인생의 과제'에 맞서야 한다.

철학자 그렇지.

청 년 좋습니다. 그러면 다시 묻겠습니다. 왜 제가 학생들과 '교우'의 관계를 맺어야 하는 겁니까?

철학자 그렇군. 무릇 '교우'란 무엇일까? 왜 우리에게 '교우'의 과제가 맡겨진 것일까? 아들러가 한 말을 근거로 생각해보세. '교우'의 과제에 대해서 아들러는 이렇게 말했네. "우리는 교우의 관계를 통해 타인의 눈으로 보고, 타인의 귀로 듣고, 타인의 마음으로 느끼는 것을 배운다"라고.

청 년 그것은 좀 전에 나온…….

철학자 그래, 공동체 감각의 정의지.

청 년 무슨 뜻입니까? 우리는 '교우'의 관계를 통해 '인간 본성에 대한 지식'을 배우고 공동체 감각을 익힌다는 말인가요?!

철학자 아니, '익히다'라는 말은 옳지 않네. 앞에서 우리는 공동체 감각에 대해 모든 인간에게 내재된 '감각'이라고 말했네. 노력해서 익히는 것이 아니라 자기 안에서 발굴하는 것이라고. 더 정확하게 표현하자면 '교우의 관계를 통해 발굴한다'는 말이지. 우리는 '교우'의 관계에 있어야 타인에 대한 공헌을 시도해 볼 수 있다네. '교우'에 뛰어들지 못하는 사람은 공동체에서 있을 곳을 찾지 못하네.

청 년 잠깐만요!

철학자 아니, 결론까지 계속하지. 이때 문제는 대체 어디서 '교우'를 실천하느냐 하는 점일세. ……자네는 이미 대답이 뭔지 알 걸세. 아이들이 처음 '교우'를 배우고 공동체 감각을 발굴하는 곳. 바로 학교일세.

청 년 에잇, 기다려 달라니까요! 논의의 전개가 빨라서 무슨 말씀을 하시는지 따라가지 못하겠어요. 학교는

'교우'를 배우는 장소니까 그 아이들과 친구가 될 수 있다고요?

철학자 많은 사람이 오해하는 게 있는데, '교우'의 관계란 단순히 친구를 사귀는 것에 국한되지 않네. 친구가 아니어도 '교우'의 관계에 있는 사람들을 흔히 볼 수 있다네. 그렇다면 아들러가 말하는 '교우'란 무엇일까? 그것이 왜 공동체 감각과 이어질까? 시간을 들여 천천히 이야기를 나눠보세.

'신용'할 것인가, '신뢰'할 것인가

청 년 다시 한번 확인하겠습니다. 그 아이들과 친구가 되라는 것은 아니다, 이건 확실하죠?

철학자 그래. 3년 전, 흰 눈이 내리던 마지막 밤, 나는 '신용'과 '신뢰'의 차이에 대해 설명했네. 기억나나?

청 년 '신용'과 '신뢰'요? 이야기를 왜 이리 틀었다, 저리 틀었다 하세요? 물론 기억하고말고요. 지금도 마음에 담아두고 있습니다. 흥미로운 고찰이었으니까요.

철학자 그러면 자네의 도움을 받아 한번 되짚어보지. 자네는 신용을 어떻게 설명하겠나?

청 년 글쎄요. 단적으로 말하면 '신용'이란 상대가 가진 조건을 믿는 것입니다. 예를 들자면 은행에서 돈을 빌릴 때. 당연히 은행은 조건 없이 돈을 빌려주거나 하지 않습니다. 부동산이나 보증인 같은 담보를 요구하고, 그 가치에 맞게 금액을 빌려주지요. 그것도 상당한 이자를 붙이면서요. 이는 "당신을 믿으니까 빌려줍니다"가 아니라 "당신이 준비한 담보의 가치를 믿기 때문에 빌려줍니다"라는 태도죠. 요컨대 '그 사람'을 믿는 것이 아니라 그 사람이 가진 '조건'을 믿는 거지요.

철학자 그렇다면 '신뢰'란?

청 년 '신뢰'란 아무런 조건 없이 다른 사람을 믿는 것입니다. 비록 믿을 만한 근거가 없다고 해도 믿는다. 담보가 있든 없든 개의치 않고 무조건 믿는다. 그것이 '신뢰'입니다. 그 사람이 가진 '조건'이 아니라 '그 사람 자체'를 믿는 것. 물질적 가치가 아닌 인간적 가치에 주목한다고 말할 수 있겠죠.

철학자 과연.

청 년 여기에 제 나름대로의 해석을 덧붙이자면, 신뢰란

'그 사람을 믿는 나를 믿는다'라는 뜻이기도 합니다. 나의 판단에 자신이 없으면 아무래도 담보 같은 것을 구하게 되니까요. 자기 신뢰가 있어야 타자 신뢰도 있는 것입니다.

철학자 정말 고맙네. 아주 잘 정리해주었군.

청 년 ……제법 우수한 학생이죠? 저도 오랫동안 아들러를 신봉하던 시기가 있었고, 문헌을 뒤져가며 공부했어요. 게다가 교육 현장에서 실천도 해왔는걸요. 이해하지도 않은 상태에서 감정적으로 거부하는 게 아닙니다.

철학자 물론 그렇겠지. 단 이것만은 오해 말게나. 자네는 내 제자도 아니고 학생도 아니야.

청 년 ……하하! 너같이 무례한 인간은 더 이상 제자가 아니다, 이건가요? 이거 걸작이네. 아들러를 설파하시는 분이 화를 내시다니.

철학자 자네는 틀림없이 '지혜'를 사랑하고 있네. 의문이 나는 것, 자기 방식대로 생각한 것을 주저하지 않고 더 고차원적으로 이해하기 위한 발걸음을 내딛고 있지. 즉 자네는 지혜를 사랑하는 한 사람이자 철학자인 셈이야. 그리고 나는 높은 곳에 서서 가르치는 사람이 아니라, 자네와 같은 땅 위에 있는 '지혜'를 사랑하는 한 사람의 철학자에 지나지 않네.

청 년　스승과 제자 사이가 아닌 대등한 철학자라는 건가요? 그렇다면 선생님이 자신의 잘못을 인정하고 제 의견을 받아들일 수도 있단 말입니까?

철학자　물론이지. 자네에게 많은 것을 배우기를 원하고, 실제로 함께 대화를 나눌 때마다 신선한 깨달음을 얻는다네.

청 년　훗. 그렇게 추켜세우셔도 비판의 고삐를 늦추지 않을 겁니다. 그래서 '신용'과 '신뢰'는 왜 꺼낸 겁니까?

철학자　아들러가 내세운 '일', '교우', '사랑'이라는 인생의 과제. 이는 인간관계의 거리 그리고 깊이로 구분하네.

청 년　네, 그렇게 말씀하셨죠.

철학자　하지만 '거리'와 '깊이'라는 말만 들어서는 이해하기 힘든 점이 있지. 오해되는 부분도 많을 거야. 그러니 간단히 이렇게 생각해보게. 일과 교우는 '신용인가, 신뢰인가'의 차이라고 말일세.

청 년　신용과 신뢰요?

철학자　그래. 일의 관계는 '신용'의 관계고, 교우의 관계는

'신뢰'의 관계인 셈이지.

청 년 어떤 의미입니까?

철학자 일의 관계란 어떤 이해관계, 혹은 외적 요인이 얽힌 조건이 달린 관계일세. 예를 들면 한 회사에서 협력하는 사이. 인간적으로 좋아하진 않지만, 같이 일하는 사람이다 보니 관계를 유지하고 도와주기도 해. 하지만 일터에서 벗어나서까지 그 관계를 유지하고 싶지는 않아. 그야말로 일이라는 이해관계로 맺어진 '신용'의 관계일세. 개인적으로 좋고 싫음과는 별개로 관계를 맺을 수밖에 없지. 반면 교우의 관계에는 '이 사람과 우정을 꼭 나눠야만 하는 이유'가 하나도 없어. 이해관계로 얽힌 것도 아니고, 외적 요인에 의해 강제로 어울려야 하는 것도 아니야. 어디까지나 '이 사람이 좋다'라는 자발적 동기로 맺어지는 관계라네. 방금 자네가 한 말을 빌리자면, 그 사람이 가진 '조건'이 아니라 '그 사람 자체'를 믿는 거지. 교우의 관계는 분명히 '신뢰'의 관계일세.

청 년 아, 또 반복되는 얘기. 그러니까 왜 아들러는 '일'이니 '교우'니 하는 말을 썼던 겁니까? 처음부터 인간관계를 '신용'과 '신뢰' 그리고 '사랑'으로 말하면 되잖아요? 선생님은 논의를 복잡하게 해서 연막을 치려 하신다고요!

철학자 알았네. 그러면 최대한 간단히 아들러가 '일'이라는 단어를 선택한 이유를 설명하지.

청년에게는 확신이 있었다. 아마 아들러는 청빈을 미덕으로 여기고, 경제활동을 품위 없는 것으로 치부했으리라. 그래서 일을 가볍게 보고 "학생들과 교우의 관계를 맺어라" 하고 말한 것이리라. 그저 웃음만 나온다. 청년은 자신이 교육자라는 것만큼이나 직업인이라는 사실에 자부심을 가지고 있었다. 우리는 취미나 자선 활동이 아닌, 직업으로서 교육에 종사하고 있기에 책임 있게 맡은 바 임무를 다할 수 있는 것이다. 커피는 진즉에 바닥을 드러냈고 밤도 깊었다. 그럼에도 청년의 눈은 활활 불타올랐다.

왜 인생의 과제에 '일'이 포함되는가

청 년 그러면 묻겠습니다. 애초에 아들러는 일을 어떻게 평가했습니까? 일을, 혹은 일을 통해 돈 버는 행위를 경멸했던 것은 아닙니까? 이건요, 내용이 없는 이상론으로 흐르기 쉬운 아들러 심리학을 현실에 기초한 실용적 이론으로 만들기 위해서라도 빼놓을 수 없는 중요한 논의입니다.

철학자 아들러에게 일하는 것의 의미는 간단했네. 일이란 지구라는 힘든 자연환경에서 살아남기 위한 생산 수단일세. 다시 말해, 일을 '생존'과 직결되는 과제라고 생각했지.

청 년 흠. 뭐, 평범하네요. 요컨대 '먹고 살기 위해 일한다'는 거지요?

철학자 그래. 살아남는 것, 목숨을 이어가는 것을 생각했을 때 인간이 노동에 종사해야 함은 자명한 이치일세. 그러한 전제하에 아들러가 주목한 것은 '일'을 성립시키는 인간관계의 방식이었지.

청 년 일을 성립시키는 인간관계? 어떤 의미입니까?

철학자 자연계에서 인간은 날카로운 이빨도, 하늘을 나는 날개도, 튼튼한 등딱지도 없는, 말하자면 신체적 열등성을 띤 존재지. 그래서 우리는 집단생활을 택해 외부의 적으로부터 몸을 보호해왔네. 집단으로 사냥을 하고, 농사를 짓고, 식량을 확보하고, 신체의 안전을 지키면서 자손을 기르며 살아왔던 거지. ……이런 인류사에서 아들러는 아주 멋진 결론을 이끌어냈네.

청 년 어떤 결론이요?

철학자 우리 인간은 심심해서 무리를 지어 산 것이 아니야. 인간은 무리 지어 살면서 '분업'이라는 획기적인 작업 방식을 손에 넣었네. 분업이란 인류가 그 신체적 열등성을 보완하기 위해 획득한 유례없는 생존전략이지. ……이것이 아들러의 최종 결론이네.

청 년 ……분업?!

철학자 무리 짓는 것은 다른 많은 동물들도 하고 있다네. 하지만 인간은 거기에 고도의 분업 시스템을 도입해서 군락을 이뤘네. 오히려 분업하기 위해서 사회를 형성했다고 해도 과언이 아니지. 아들러에게 '일의 과제'란 단순히 노동의 과제가 아닐세. 타인과 관계 맺는 것을 전제로 한 '분업의 과제'라고 할 수 있네.

청 년 타인과 관계를 맺는 것이 전제이기 때문에 '일'이 인간관계의 과제라는 건가요?

철학자 그렇지. 인간은 왜 일하는 것일까? 생존하기 위해서라네. 이 혹독한 대자연 속에서 살아남기 위해. 인간은 왜 사회를 형성하는 것일까? 일하기 위해서지. 분

우리에게는 특별할 것 없는 하루하루가 시련이고,
'지금, 여기'라는 일상에 큰 결단이 필요하다네.
그 시련을 피해가는 사람은 진정한 행복을 얻을 수 없어.

업하기 위해서. 사는 것과 일하는 것, 사회를 형성하는 것은 불가분의 관계에 있다네.

청 년 ……음.

철학자 아담 스미스 등 경제학에서는 이미 아들러 이전부터 분업의 의의를 말하는 목소리가 있었네. 하지만 심리학 분야에서, 그것도 인간관계와 관련지어 분업의 의의를 주창한 사람은 아들러가 처음이었지. 이 키워드를 통해 인간에게 노동의 의미, 사회의 의미가 명확해진 걸세.

청 년 ……어, 이건 매우 중요하게 들리는데요. 조금 더 자세히 부탁드립니다.

철학자 아들러의 의문은 언제나 원대한 데서 시작된다네. 아들러의 말을 빌려 설명하지. "만약 우리가 일하지 않아도 모든 것이 제공되는 행성에서 산다면, 게으름이 덕이 되고 근면함은 악덕이 될 것이다."

청 년 흥미로운 고찰인데요! ……그래서요?

철학자 그런데 실제 지구는 그러한 환경이 아니야. 식량은 한정적이고, 주거지도 누가 제공해주지 않지. 그러면 어떻게 해야 할까? ……일을 해야지. 그것도 혼자서가 아니라 동료들과 함께. 아들러는 이렇게 결론

지었네. "논리적이고 상식(common sense, 공통감각)[1]에 일치하는 답은, 우리가 일하고 협력하고 공헌해야 한다는 것이다."

청 년 어디까지나 논리적인 귀결이군요.

철학자 여기서 중요한 것은, 아들러가 노동 자체를 '선'으로 규정하지는 않았다는 점일세. 도덕적인 선악을 따지기 이전에 우리는 일할 수밖에 없고 분업할 수밖에 없어. 타인과 관계를 맺을 수밖에 없지.

청 년 선악을 뛰어넘은 결론이군요.

철학자 요컨대 인간은 혼자서 살 수 없는 존재라는 말이지. 고독을 견디지 못하는 존재니, 말 상대가 필요한 존재니 하는 걸 따지기 이전에 생존 차원의 문제일세. 그리고 타인과 '분업'하기 위해서는 그 사람을 믿어야만 하네. 의심스러운 사람과는 협력할 수 없으니까.

청 년 그것이 '신용'의 관계라고요?

철학자 그래. 인간에게 '믿지 않는다'라는 선택지는 있을 수

1 '커먼센스(common sense)'는 원래 '공통감각'이란 뜻으로 아리스토텔레스로부터 유래했다. 공통감각이란 '모든 감관에 공통되는 감각'을 말하며 라틴어로는 센서스 코무니스(Sensus Communis)라고 한다. 이후로는 내적 감각, 사회적 감각, 연대성 감각, 공동 정신 등 다양하게 불리고 있는데, 공통된(communis) 판단력(sensus)이라는 의미의 '상식' 혹은 '양식'이란 뜻으로도 쓰이고 있다.

없어. 협력하지 않는다, 분업하지 않는다, 그런 건 있을 수 없지. 그 사람이 좋아서 협력하는 것이 아니라 좋든 싫든 협력해야 하는 관계다. 그렇게 생각하면 되겠지.

청 년 흥미로운데요! 아니, 훌륭해요! ……드디어 일의 관계가 납득되었습니다. 살기 위해서는 분업이 필요하고, 분업하기 위해서는 상호 '신용'이 필요하다. 거기에 선택의 여지는 없다. 우리는 혼자서는 살 수 없고, 그렇기 때문에 신용하지 않는다는 선택지는 있을 수 없다. 관계를 맺어야만 한다. ……그런 말이죠?

철학자 그래. 바로 인생의 과제인 거지.

직업에는 귀천이 없다

청 년 그러면 좀 더 자세히 묻겠습니다. 신용할 수밖에 없는 관계, 혹은 협력할 수밖에 없는 관계. 이것이 노동 현장에만 국한된 이야기는 아니겠지요?

철학자 그래. 가장 알기 쉬운 예로 스포츠 팀의 소속 선수들을 들 수 있네. 이들은 전형적인 분업의 관계라고 할 수 있지. 경기에 이기기 위해서는 개인적으로 좋고 싫음을 떠나서 협력할 수밖에 없으니까. 싫으니까 무시를 하자, 사이가 나쁘니까 결장을 하자, 이런 선택지는 있을 수 없어. 경기가 시작되면 좋은지 싫은지도 잊게 되지. 팀 동료를 '친구'로서가 아니라 '기능'의 일부로서 판단하네. 자기 자신도 기능의 일부로서 뛰어난 역할을 하려 하고.

청 년 ……사이가 좋으냐보다는 능력을 우선시한다는 건가요?

철학자 그런 면이 있지. 실제로 아담 스미스는 분업의 근간에는 인간의 '이기심'이 있다고 단언했을 정도니까.

청 년 이기심이요?

철학자 예를 들어 활과 화살을 만드는 명인이 있네. 그가 만든 활과 화살을 이용하면 명중률이 현격히 향상되고 살상 능력도 높아지지. 하지만 그가 사냥의 명수는 아니야. 발도 느리고 시력도 약해서 기껏 훌륭한 활과 화살이 있어도 번번이 사냥감을 놓친다네. …… 그래서 어느 날, 그는 결심했지. "나는 활과 화살을 만드는 데 전념하겠다"라고.

청 년 오, 왜죠?

철학자 활과 화살 만들기에 전념하면 하루 종일 몇 개, 몇십 개나 되는 활과 화살을 만들 수 있겠지. 그걸 사냥 솜씨가 좋은 동료들에게 나눠주면, 그들은 지금보다 더 많은 동물을 잡아올 테고. 그들이 가지고 돌아온 포획물을 나눠 받으면 되네. 그것이 서로에게 최대의 이익이 되는 선택이니까.

청 년 과연. 함께 일하는 것뿐 아니라 각자 잘하는 분야를 담당하는 거군요.

철학자 사냥의 명수들도 명중률이 높은 활과 화살을 얻을 수 있다면 그보다 좋은 게 없겠지. 자신은 사냥에만 집중한다. 그리고 잡아온 동물들은 모두에게 똑같이 나눠준다. ……이렇게 해서 '집단으로 사냥하는 것'에서 다시 한 발짝 나아간, 더 고차원적인 분업 시스템이 완성되었네.

청 년 확실히 합리적이네요.

철학자 여기서 중요한 것은 '누구 한 사람 자신을 희생하지 않는다'는 점일세. 즉 순수한 이기심의 조합이 분업을 성립시키지. 이기심을 추구한 결과로 일정한 경제 질서가 생겨. 이것이 아담 스미스가 생각한 분업일세.

청 년 분업 사회에서는 '이기'가 최대한으로 발현되면 결과적으로 '이타'로 연결된다.

철학자 그런 셈이지.

청 년 하지만 아들러는 '타자공헌'을 권장했잖아요. 3년 전 선생님은 말씀하셨어요. 타인에 대한 공헌을 목표로 해야 한다. 그것이 인생의 지침이며 '길잡이 별'이라고요. 자신의 이익을 우선시하는 생각은 '타자공헌'과 모순되지 않습니까?

철학자 전혀 모순되지 않네. 먼저 일의 관계에서 출발한다. 다른 사람이나 사회와 이해관계로 맺어진다. 그렇게 이기심을 추구한 결과로 '타자공헌'을 하게 되는 것일세.

청 년 그렇게 역할 분담을 하면 거기에 우열이 생기잖아요? 즉 중요한 일을 맡은 자와 누가 해도 상관없는 일을 맡은 자. 그건 '대등'의 원칙에 어긋나지 않습니까?

철학자 아니, 어긋나지 않네. 분업이라는 관점에서 생각하면 직업에 귀천은 없어. 한 나라의 장관, 기업의 경영자, 농부, 공장 근로자, 혹은 직업으로 보는 사람이 극히 드문 전업주부에 이르기까지, 모든 일은 '공동체의 누군가가 하지 않으면 안 되는 일'이며 우리는 그것을 분담하는 것뿐이라네.

청 년 어떤 일을 해도 가치는 동일하다, 이건가요?

철학자 그래. 분업에 관해 아들러는 이렇게 말했네. "인간의 가치는 공동체에서 할당된 분업의 역할을 어떻게 완수하느냐에 따라 결정된다." 다시 말해, 인간의 가치는 '어떤 일에 종사하느냐'로 정해지는 것이 아닐세. 그 일에 '어떤 태도로 임하느냐'로 정해지는 것이지.

청 년 어떤 태도로 임하느냐?

철학자 예를 들어, 자네는 도서관 사서 일을 그만두고 교육자의 길을 택했네. 지금 자네 앞에는 몇십 명이나 되는 학생들이 있고, 그들의 인생을 맡고 있다는 걸 온몸으로 실감하고 있어. 이루 말할 수 없이 위대하고 사회에 유용한 일을 하게 되었다고 느끼고 있지. 어쩌면 교육이야말로 전부고 다른 직업은 발끝에도 미치지 못하는 하찮은 일이라고 여길지도 몰라. 하지만 공동체 전체에서 생각해보자면 도서관 사서도 중학교 교사도, 그 어떤 일이든 '공동체의 누군가가 하지 않으면 안 되는 일'이고, 거기에 우열은 없네. 우열이 있다고 한다면 그 일에 임하는 태도뿐이겠지.

청 년 그런 경우, '일에 임하는 태도'란 뭐죠?

철학자 원칙적으로 분업의 관계에서는 개개인의 '능력'을 중요시하네. 예를 들어, 기업에서 사원을 채용할 때도 능력이 판단의 기준이 되지. 이는 분명한 사실이야. 하지만 분업이 시작되고 나서 인물을 평가하거나 어떤 관계가 바람직한지를 따질 때에는 능력만으로 판단하지 않네. 오히려 '이 사람과 같이 일하고 싶은가'가 중요해지지. 그렇지 않으면 서로 돕기가 힘들어지니까. 그리고 '이 사람과 함께 일하고 싶은가', '이 사람이 곤란한 상황에 처했을 때 도와주고 싶은가'를 결정하는 최대 요인은 그 사람의 성실함이자 일에 임하는 태도라네.

청 년 그러면 성실히, 진지하게 임하기만 하면, 사람의 목숨을 구하는 일이든, 다른 사람의 약점을 이용해서 높은 이자를 받고 돈을 빌려주는 일이든 가치에는 변함이 없다는 건가요?

철학자 그래, 변함없네.

청 년 허!

철학자 우리가 사는 공동체에는 '다양한 일'이 존재하고, 거기에는 각각 종사하는 사람이 있어야 하네. 그 다양성이야말로 풍요로움을 낳지. 만약 어떤 일이 가치가 없다고 한다면 누구도 필요로 하지 않아서 결국 도태되겠지. 도태되지 않고 살아남았다면 그 일에는 뭔가 가치가 있다는 뜻이라네.

청 년 그러니까 높은 이자를 받고 돈을 빌려주는 일도 가치가 있다?

철학자 그런 말이 아니라, 이건 선이고 이건 악이다, 라고 어설픈 '정의'를 내세우는 것은 매우 위험한 일이라는 걸세. 정의로움에 취한 사람은 자기 이외의 가치관을 인정하려 들지 않고, 끝내는 '정의란 이름으로 개입'에 나서네. 그러한 개입 끝에 기다리고 있는 것은 자유를 빼앗긴 회색 빛깔의 획일적인 사회겠지. 자네가 어떤 일을 하든, 다른 사람이 어떤 일을 하든 마음에 둘 필요가 없는 거라네.

'주어진 것을 어떻게 활용'할 것인가

청 년 ……재미있군요. 아주 새롭고 흥미로운 개념이에요,

이 아들러식 '분업'이란. 자연계에서 인간은 너무도 나약한 존재라서 혼자 살아갈 수 없다. 그래서 우리는 무리를 짓고 '분업'이란 작업 방식을 도입했다. 분업하면 매머드도 쓰러트릴 수 있고, 농사도 지을 수 있고, 집도 지을 수 있다.

철학자 그래.

청 년 그리고 분업이란 좋고 싫음을 떠나 '타인을 신용하는 것'에서 시작된다. 우리는 분업하지 않으면 살아갈 수 없다. 타인과 협력하지 않으면 살아갈 수 없다. 그것은 '타인을 신용하지 않으면 살아갈 수 없다'는 뜻이기도 하다. 그것이 분업의 관계이며 '일'의 관계이다.

철학자 그래. 예를 들어 공공도로에서의 교통법규를 생각해 보세. 우리는 '모든 사람은 교통법규를 지켜야 한다'는 신용을 바탕으로 파란불이 켜지면 횡단보도를 건너네. 무조건 신뢰하는 것이 아니라 일단은 좌우를 확인하지. 그래도 역시 낯선 타인을 일정 부분 신용한다네. 어떤 의미에서 이 또한 '원활한 교통'이라는 공통의 이해에 부합하는 일의 관계인 셈이야.

청 년 정말 그렇군요. 분업에 관해서는 지금 반론할 점이

딱히 생각나지 않습니다. 다만, 설마 잊으셨나요? 우리의 논의는 '제가 학생들과 교우의 관계를 맺어야 한다'는 데서 출발했을 텐데요.

철학자 그래, 잊지 않았네.

청 년 분업의 관점에서 보자면 선생님의 주장은 더욱 이치에 맞지 않습니다. 도대체 제가 왜 학생들과 교우의 관계를 맺어야 하죠? 아무리 생각해도 일의 관계가 아닙니까? 저도 학생도 서로를 선택한 기억이 없어요. 그저 기계적으로 할당된, 원래는 생판 남인 관계라고요. 하지만 우리는 협력하지 않을 수 없습니다. 학급을 운영하고, 졸업이라는 목표를 이루기 위해서. 그야말로 공통의 이해로 맺어진 '일'의 관계죠.

철학자 그런 의문이 드는 것도 당연하네. 그러면 여기서 오늘 나눈 논의를 하나씩 떠올려보세. 교육의 목표는 무엇인가? 교육자가 해야 할 일은 무엇인가? 우리의 논의는 이러한 의문에서 출발했네. 아들러의 결론은 간단해. 교육의 목표는 '자립'이며, 교육자가 해야 할 일은 '자립을 위한 지원'이지. 이 점에 관해서는 자네도 동의했을 걸세.

청 년 네, 일단은 인정합니다.

철학자 그러면 아이들의 자립을 어떻게 지원해야 할까? 이 의문에 대해 나는 "존경부터 시작하라"라고 말했네.

청 년 그랬습니다.

철학자 왜 존경일까? 존경이란 무엇일까? 여기서 우리는 에리히 프롬의 말을 떠올리지 않으면 안 되네. 즉 존경이란 '있는 그대로 그 사람을 보는 것'이며 '그 사람이 그 사람인 것에 가치를 두는 것'이라고.

청 년 물론 기억하고 있습니다.

철학자 그 사람을 있는 그대로 존중한다. 너희는 '너희'인 채로 있으면 된다. 특별할 필요는 없다. 너희는 '너희'라는 것만으로도 가치가 있다. 존경을 통해 이러한 생각을 전하면, 아이들은 잃어버린 용기를 되찾고 자립의 계단을 오르기 시작할 걸세.

청 년 분명히 그런 논의를 했지요.

철학자 자, 여기서 질문. '그 사람을 있는 그대로 존중한다'는 존경의 정의. 그 근저에 흐르는 것은 '신용'일까, '신뢰'일까?

청 년 네?

철학자 나의 가치관을 밀어붙이는 일 없이 그 사람이 '그 사람'임을 존중하는 것. 어떻게 그럴 수 있는가 하면,

그 사람을 무조건 받아들이고 믿기 때문일세. 다시 말해 신뢰하고 있기 때문이라네.

청 년 존경과 신뢰가 같다고요?

철학자 그렇게 말해도 되겠지. 뒤집어 말하면, 존경하지 않는 상대를 '신뢰'할 수는 없어. 타인을 '신뢰'할 수 있느냐 없느냐는, 타인을 존경할 수 있느냐 없느냐와 상관있다네.

청 년 아하, 알았습니다. 교육의 입구는 존경이다. 그리고 존경이란 신뢰다. 나아가 신뢰를 바탕으로 한 관계는 교우의 관계다. 그런 3단 논법이군요?

철학자 그렇다네. 신용을 바탕으로 하는 일의 관계를 통해서는 학생들을 존경할 수 없다네. 바로 지금의 자네처럼.

청 년 ……아, 아니, 문제는 그게 아니에요. 이를테면 둘도 없는 친구를 무조건 신뢰하는 것, 있는 그대로의 그 사람을 받아들이는 것. 이런 건 충분히 가능합니다. 문제는 신뢰하는 '행위'가 아니라 그 '대상'입니다. 선생님은 모든 학생과 교우의 관계를 맺고, 모든 학생을 무조건 신뢰하라고 합니다. 그런 게 정말로 가능하다고 생각하세요?

철학자 물론.

청 년 어떻게요?!

철학자 예를 들어 주변 모든 사람에 대해서 "그 사람의 이런 면이 싫어", "저 사람의 이런 점을 참을 수 없어"라며 비난하는 사람이 있네. 그러고 나서 한탄하지. "아아, 나는 운도 없지. 참 인복도 없어." 그 사람이 정말 인복이 없는 것일까? 아닐세. 절대 아니지. 친구 복이 없는 게 아니라, 그저 친구를 만들려고 하지 않는 거라네. 다시 말해, 인간관계를 맺지 않으려는 거지.

청 년 ……그러면 누구와도 친구가 될 수 있다는 건가요?

철학자 될 수 있지. 자네와 학생들은 우발적 요인에 의해서 우연히 그 자리에 모인 관계일지도 모르네. 그때까지는 서로의 얼굴도 이름도 모르는 생판 남이었을지도 모르고, 좀 전에 자네가 말했던 것처럼 둘도 없는 친구가 될 수 없을지도 모르지. 하지만 "중요한 것은 무엇이 주어졌느냐가 아니라 주어진 것을 어떻게 활용하느냐이다"라고 했던 아들러의 말을 떠올려보게. 그러면 어떤 상대라도 '존경'할 수 있고 '신뢰'할 수 있다네. 그것은 환경이나 대상에 좌우되는 것이 아니라 오직 자네의 결심에 달려 있기 때문이지.

청 년 그건가요? 또 용기의 문제란 말씀인 거죠? 믿을 수 있는 용기요!

철학자 그래. 모든 것은 믿을 수 있는 용기로 환원된다네.

청 년 아뇨! 선생님은 진정한 우정을 모르는 거예요!

철학자 무슨 뜻인가?

청 년 선생님은 진정한 친구도, 진정한 우정도 모르기 때문에 그런 허황된 소리를 하시는 거예요! 어떤 누구와도 얕은 관계밖에 맺지 못한 게 분명해요. 그래서 누구든 상관없다고 말할 수 있는 거죠. 인간관계를 회피하고 인생의 과제에서 도망친 사람은 다름 아닌 선생님 자신이라고요!

이 자연계에서 인간은 너무 보잘것없고 미약한 존재다. 그 나약함을 보완하기 위해 인간은 사회를 형성하고 '분업'을 탄생시켰다. 분업이란 인간에게서만 볼 수 있는 유례없는 생존전략이다. ……이것이 아들러가 말하는 '분업'이다. 만약 여기서 이야기를 끝냈더라면 청년은 아들러에게 갈채를 보냈으리라. 하지만 철학자가 이어서 말한 '교우'에 대해서는 조금도 납득이 가지 않았다. 그토록 현실에 기초한 분업을 말해놓고서는 교우로 주제를 바꾸자마자 결국 '이상'을 설파하다니! 그것도 또다시 '용기'를 들먹이면서!

친구라고 부를 수 있는 사람

철학자 자네에게는 둘도 없는 친구가 있겠지?

청 년 그 친구가 어떻게 생각할지 모르지만, 선생님이 말하는 '무조건 신뢰'할 수 있는 친구라면 한 명뿐입니다.

철학자 어떤 사람인가?

청 년 대학 동기입니다. 녀석은 소설가 지망생으로 늘 제가 첫 독자였습니다. 모두가 잠든 조용한 밤에 제 하숙집에 불쑥 찾아오곤 했어요. "단편을 썼는데 읽어 봐!"라든가 "야, 도스토예프스키의 소설에서 이런 구절을 발견했어!"라는 식으로요. 지금도 신작을 완성할 때마다 우편으로 보내줍니다. 제가 교사가 되었을 때도 함께 기뻐해주었고요.

철학자 그 친구와는 처음부터 친했나?

청 년 그럴 리가요! 우정이란 시간을 들여 키워가는 겁니다. 갑자기 친구가 되는 게 아니라 함께 웃고, 함께 놀라고, 때로는 공범이 되면서 서서히 우정을 키우다 친한 친구가 되는 거예요. 가끔은 심하게 부딪치기도 하고요.

철학자 그러니까, 그는 어느 단계에서 친구에서 '친한 친구'로 격상된 거로군? 무엇을 계기로 그를 친한 친구라고 생각하게 되었나?

청 년 흠, 글쎄요. 굳이 꼽자면 "이 녀석이라면 속을 터놓고 모든 걸 말해도 괜찮겠지"라는 확신이 들었을 때요.

철학자 그냥 친구에게는 속을 터놓고 모든 걸 말할 수 없단 뜻인가?

청 년 다들 그렇잖아요. 사람은 누구나 '사교의 가면'을 쓰고 살아요. 속마음을 감추며 살아가죠. 만나면 웃는 얼굴로 농담을 주고받는 친구일지라도 내 모습을 있는 그대로 보인 적은 없어요. 어떤 화제를 올릴 건지, 어떤 태도를 보일 건지, 어떤 말을 할 건지 선택해야죠. 우리는 모두 '사교의 가면'을 쓰고 친구를 대하고 있습니다.

철학자 왜 그냥 친구 앞에서는 가면을 벗지 않나?

청 년 가면을 벗으면 관계가 깨지니까요! 선생님은 '미움받을 용기'인지 뭔지가 있어야 한다고 말하지만요, 일부러 미움받기를 원하는 사람은 한 명도 없어요.

쓸데없이 부딪치지 않으려고, 관계를 깨트리지 않으려고 우리는 가면을 쓰는 겁니다. 그렇게 하지 않으면 사회는 돌아가지 않아요.

철학자 단적으로 상처받는 것을 피하고 있단 말이군?

청 년 ……네, 그런 거죠. 확실히 저는 상처받고 싶지도 않고 누군가에게 상처주고 싶지도 않아요. 하지만요, 가면을 쓰는 이유가 나를 보호하기 위해서만은 아닙니다. 오히려 배려하는 거라고요. 우리가 민낯과 본심으로만 산다면 너무 많은 사람에게 상처를 주게 돼요. 상상해보세요, 모든 사람이 서로 본심을 부딪치며 사는 세상을. ……주변이 온통 피로 물든 지옥 같을걸요!

철학자 하지만 친한 친구 앞에서는 가면을 벗을 수 있고, 그래서 상처를 받는다고 하더라도 관계가 깨지지 않겠지?

청 년 가면을 벗어도 관계가 깨지지 않아요. 설령 그 친구가 한두 번쯤 의리를 저버리는 짓을 한다고 해도, 그것을 핑계 삼아 관계를 끊지는 않을 겁니다. 서로 장점과 단점을 받아들인 상태에서 관계를 맺고 있으니까요.

철학자 훌륭한 관계로군.

청 년 그리고 중요한 것은, 그러한 확신을 안겨주는 사람이 세상에 그리 많지 않다는 사실이에요. 평생에 다섯 명만 찾아도 행운일걸요. ……자, 이제 슬슬 제 질문에 답해주세요. 선생님은 진정한 친구가 있습니까? 어쩐지 선생님의 말씀을 듣고 있으면, 친한 친구도 없고 우정도 모르는, 책과 공상 외에는 친구가 없는 사람처럼 느껴지거든요.

철학자 물론 나도 친한 친구가 몇 명 있네. 자네가 말한 대로 '보기만 해도 웃음이 나는 친구'나 '비록 한두 번쯤 의리를 저버리는 짓을 해도 그것을 핑계 삼아 관계를 끊어야지 하는 생각이 들지 않는 친구'가.

청 년 오, 어떤 사람이에요? 학교 친구예요? 철학을 공부하는 동료, 혹은 아들러를 연구하는 동료인가요?

철학자 이를테면, 자네라네.

청 년 뭐, 뭐라고요?!

철학자 전에도 말하지 않았나? 내게 자네는 둘도 없는 소중한 벗이라고. 나는 자네 앞에서 가면을 쓴 적이 한 번도 없네.

청 년 그럼 그거, 저를 '무조건 신뢰'한다는 말씀인가요?!

철학자 물론이네. 그렇지 않다면 지금 우리가 이렇게 대화를 나누지 못했겠지.

청 년 ……거짓말!

철학자 진짜라네.

청 년 농담하지 마세요! 그렇게 해서 남의 마음을 조종할 속셈인가요, 이 위선자 같으니! 그런 교묘한 말에 속아 넘어갈 내가 아니라고요!

먼저 '믿는다'는 것

철학자 대체 왜 그렇게 완강히 '신뢰'를 부정하는 건가?

청 년 역으로 물어보고 싶군요! 대체 알지도 못하는 생판 남을 믿는 것, 그것도 무조건 믿는 것이 무슨 의미가 있습니까? 무조건 믿는다는 것은, 즉 타인을 비판하지 마라, 맹목적이 되어라, 하는 뜻입니다. 그건 순종적인 양이 되라는 말과 뭐가 다릅니까!

철학자 아닐세. 믿는다는 것은 뭐든지 무작정 받아들이라는 의미가 아니라네. 그 사람의 사상이나 신조에 대해, 혹은 그 사람이 하는 말에 대해 한번쯤 의심해보는 것. 일단 믿는 것을 보류하고 자기 나름대로 생각해보는 것. 여기까지는 아무런 잘못도 없고 중요한 작업일세. 그런 다음에 해야 할 일이, 설령 그 사람이 거짓말을 하고 있다고 해도, 그것까지 포함해서 그 사람을 그 자체로 믿는 거라네.

청 년　……네?

철학자　타인을 믿는다는 것. 이는 뭔가를 아무 생각 없이 받아들이는 수동적인 행위가 아닐세. 진정한 신뢰란 어디까지나 능동적인 작용이라네.

청 년　무슨 말씀입니까?

철학자　이를테면, 나는 한 명이라도 더 많은 사람이 아들러의 사상을 알았으면 좋겠네. 아들러의 말을 알려주고 싶지. 하지만 이 바람은 나 혼자만의 노력으로 이루어지지 않네. 내 말을 받아들이려는 사람, 내 말에 귀를 기울여주려는 사람에게 '들을 의사'가 있어야 성립한다네. 그렇다면 어떻게 해야 내 말을 들어주고 받아들여줄까? "나를 믿어달라" 하고 강요할 수는 없는 노릇이네. 믿느냐 마느냐는 그 사람의 자유니까. 내가 할 수 있는 일은 내가 말을 건 그 상대를 믿는 것. 그것뿐일세.

청 년　상대를 믿는 것이요?

철학자　그래. 만약 내가 자네에게 불신감을 지닌 채로 아들러에 대해 떠들어봤자 자네는 귀담아듣지 않겠지. 내 설명이 타당성이 있든 없든 상관없이 처음부터 들으려 하지도 않을 거야. 이는 당연한 거라네. 하지만 나는 '나'를 믿어주길 바라지. 나를 믿고 아들러의 말에 귀를 기울여주었으면 해. 그래서 내가 먼저 자네를 믿는 거라네. 비록 자네가 믿으려 하지 않아도.

청 년　나를 믿어주길 바라서 먼저 믿는다고요……?

철학자　그래. 예를 들어 아이를 신뢰하지 않는 부모가 이런저런 주의를 줄 때. 설사 그 말이 옳다고 할지라도 아이들은 듣지를 않네. 오히려 옳은 말일수록 반발하려 들겠지. 왜 그러는 걸까? 부모가 조금이나마 자신을 봐주지 않고 불신감만 안은 채 판에 박힌 설교를 하기 때문이지.

청 년　……이치상 옳은 말을 해도 통하지 않는다는 것은 저도 매일 실감하고 있어요.

철학자　우리는 '나를 믿어주는 사람'이 하는 말만 믿으려고 하네. '의견이 옳고 그름'으로 판단하는 것이 아니라.

청 년　그런 측면이 있음은 인정합니다. 하지만 결국에는 의견이 옳은지 아닌지 따지게 되어 있어요!

철학자　사소한 언쟁부터 국가 간의 전쟁까지, 모든 싸움은 서로 '나의 정의'를 밀어붙임으로써 발생하네. '정의'란 시대와 환경, 입장에 따라 변하는 것이고, 유일한 정의나 유일한 답은 어디에도 존재하지 않아. 따라서 '옳음'을 과신하는 것은 위험하지. 그러는 중에 우리는 일치점을 찾으려고 하네. 타인과 '관계'를 맺고 손을 잡기를 바라지. ……손을 잡고 싶다면 나부터 손을 내미는 수밖에 없어.

청 년　아뇨, 그것도 오만한 발상이에요! 왜냐하면, 선생님이 저를 '믿는다'고 한 이유는 '그러니 너도 나를 믿어라' 하고 바라서잖아요?

철학자　아니. 그건 강요할 수 없네. 자네가 나를 믿든 안 믿든, 나는 자네를 믿네. 그리고 계속 믿을 걸세. 그것이 '무조건'이지.

청 년　지금은 어떻습니까? 저는 선생님을 믿지 않습니다. 제가 이렇게 강하게 거부하고 심한 말로 매도해도 여전히 저를 믿으십니까?

철학자　물론이지. 3년 전부터 변함없이 자네를 믿고 있네. 그렇지 않으면 이렇게 진지하게, 이렇게 시간을 들여 이야기를 주고받았겠나. 남을 믿지 않는 사람은 얼굴을 맞댄 채 이렇게 논의조차 할 수 없네. 자네 말처럼 "이 사람이라면 속을 터놓고 모든 것을 털어놔도 괜찮다"라고 생각하지 못할 걸세.

청 년 ……어, 무리에요! 그런 말, 도저히 믿을 수 없다고요!

철학자 그래도 상관없네. 나는 계속 믿을 걸세. 자네를 믿고, 인간을 믿을 거야.

청 년 그만하세요! 꽉 막힌 설교자라도 되실 작정입니까!

사람과 사람은 영원히 이해할 수 없다

철학자 나는 아직 특정한 종교를 갖고 있지는 않네. 다만 기독교든 불교든, 수천 년이나 되는 긴 시간을 걸쳐 내려온 믿음에는 무시할 수 없는 '힘'이 있다고 생각하네. 인생의 진리가 포함되어 있기에 지금까지 이어져오는 것일 테니까. 예를 들면…… 그렇지, 자네는 성경에 나오는 '네 이웃을 사랑하라'는 말을 알고 있나?

청 년 네, 물론입니다. 선생님이 사랑해 마지않는 이웃 사랑 이야기죠.

철학자 이 말은 중요한 부분이 빠진 채로 널리 알려져 있지. 신약성서의 〈누가복음〉에는 이렇게 적혀 있네. "네 이웃을 네 몸과 같이 사랑하라."

청 년 네 몸과 같이 사랑하라……?

철학자 그래. 이웃을 그냥 사랑하지 말고, 나를 사랑하는 것 같이 사랑하라고 말하고 있는 걸세. 자신을 사랑하지 못하면서 남을 사랑할 수는 없어. 그런 의미를 포함한 말이라고 생각하게. 자네가 "타인을 믿을 수 없다"고 호소하는 것은 자네가 스스로를 완전히 믿지 못하기 때문이라네.

청 년 다, 단정이 지나치십니다!

철학자 자기중심적인 인간은 '자신을 좋아해서' 자기만 바라보는 게 아닐세. 실상은 그와 반대로, 있는 그대로의 자신을 받아들이지 못해서 끊임없이 불안에 시달리는 통에 자기 외에는 관심을 두지 않는 거라네.

청 년 그러면 제가 '나 자신을 싫어하기' 때문에 나만 바라보고 있다는 겁니까?

철학자 그래. 그렇지.

청 년 ……에잇, 뭐 이런 불쾌한 심리학이 다 있어!

철학자 타인에 대해서도 마찬가지야. 예를 들어 싸우고 헤어진 연인을 생각할 때, 한동안은 전 연인의 미운 점만 떠오를 걸세. 그건 자네가 '헤어지길 잘했다'라고 생각하고 싶어서, 즉 본인의 결정에 미련이 남았다는 증거지. 스스로에게 "헤어지길 잘했다"라고 타이르지 않으면 마음이 흔들릴 것 같으니까. 그런 단계라고 생각하게. 그런데 만약 전 연인의 좋은 면이 떠올랐다면, 그건 더 이상 일부러 싫어할 필요가 없어진, 그 사람에 대한 마음에서 해방된 것을 의미하네. ……전부 '상대를 좋아하느냐 싫어하느냐'를 문제 삼는 것이 아니라 '지금의 나를 좋아하느냐'를 묻는 거라네.

청 년 음.

철학자 자네는 여전히 스스로를 좋아하지 못하고 있어. 그래서 남을 믿지 못하고, 학생들도 믿지 못하고, 교우의 관계를 맺지 못하고 있는 걸세. 그러니까 지금 자네는 일을 통해 소속감을 얻으려는 거라네. 일에서 성과를 거둠으로써 자신의 가치를 증명하기 위해서.

청 년 그게 뭐가 나빠요! 일로 인정받는 것은 곧 사회에서 인정받는 거라고요!

철학자 아니지. 원칙적으로 말하자면, 일을 통해 인정받는 것은 자네의 '기능'이지 '자네'가 아니야. 더 뛰어난 '기능'을 가진 자가 나타나면 사람들은 그쪽으로 몰리겠지. 그것이 시장원리, 경쟁원리라는 걸세. 그 결과, 자네는 언제까지나 경쟁의 소용돌이에서 빠져나오지 못하고 진정한 의미에서의 소속감도 얻지 못하겠지.

청 년 그러면 어떻게 해야 진정한 소속감을 얻을 수 있습니까?

철학자 타인을 '신뢰'하고 교우의 관계를 맺는 것. 그것밖에는 없네. 우리는 일에 헌신하는 것만으로는 행복을 얻지 못하네.

청 년 하지만…… 제가 누군가를 믿는다고 해도, 그 누군가가 저를 신뢰하고 교우의 관계를 맺으려고 할지는 알 수 없잖아요!

철학자 그건 '과제의 분리'에 해당하네. 다른 사람이 자네를 어떻게 생각할까, 자네에게 어떤 태도로 나올까 하는 것은 자네가 컨트롤할 수 없는 타인의 과제라네.

청 년 아니, 그건 좀 이상해요. '과제의 분리'를 전제로 놓고 생각해보면 우리는 영원히 타인을 이해할 수 없다는 말이 되잖아요?

철학자 당연히 상대방의 생각 전부를 '이해'하는 것은 불가능해. '이해할 수 없는 존재'로서의 타인을 믿는 것. 그것이 신뢰라네. 우리 인간은 서로 이해할 수 없는 존재이기 때문에 믿을 수밖에 없는 거라네.

청 년 허! 역시 선생님이 하는 말은 이상론이에요!

철학자 아들러는 인간을 믿는 용기를 가진 사상가였네. 아니, 그가 처한 상황을 생각한다면 믿는 것 말고는 다른 길이 없었을지도 모르지.

청 년 무슨 의미죠?

철학자 마침 좋은 기회군. 아들러가 '공동체 감각'을 주창하게 된 배경이 궁금하지 않나? '공동체 감각'이란 개념은 어디서 어떻게 탄생한 것일까? 왜 아들러는 비판받을 것을 감수하고 이런 사상을 내놓은 것일까? 당연하게도 거기에는 아주 중요한 이유가 있다네.

'특별할 것 없는 하루하루'가 인생의 시련이다

청 년 공동체 감각이 탄생한 이유라고요?

철학자 아들러가 프로이트와 결별한 이후, 자신의 이론을 '개인심리학'이라고 명명한 것은 제1차 세계대전이 발발하기 이전 해인 1913년의 일이었네. 즉 아들러 심리학은 시작과 동시에 전쟁에 휘말린 셈이지.

청 년 아들러도 전쟁에 나갔습니까?

철학자 그래. 제1차 세계대전이 시작되자, 당시 마흔네 살이었던 아들러는 군의관으로 소집되어 육군병원 신경정신과에서 일했네. 군의관에게 맡겨진 역할은 하나. 입원 중인 병사를 치료해서 조속히 전선으로 복귀시키는 일이었지.

청 년 ……전선으로 복귀시키다니. 그럴 거면 무엇을 위해서 치료한 건지 알 수가 없지 않습니까!

철학자 자네 말대로네. 치료를 받은 병사는 전선으로라도 복귀하지만, 치료를 받지 못한 병사는 사회로 복귀하는 것마저 여의치 않았으니까. 어린 시절에 남동생을 잃고 의사의 길을 선택한 아들러에게 군의관으로서의 임무는 고뇌를 안겨주는 것이었지. 훗날 아들러는 군의관 시절을 회고하며 "죄인이 된 심정이었다"라고 했네.

청 년 아, 상상만 해도 가슴이 아프네요.

철학자 '모든 전쟁을 끝내기 위한 전쟁'이라고 불렸던 제1차 세계대전은 전투요원뿐 아니라 일반인들까지 끌어들이며 총력전을 펼친 끝에 유럽 전역에 막대한 피해를 입혔네. 당연히 이 비극은 아들러를 비롯한 심리학자들에게도 엄청난 영향을 끼쳤지.

청 년 구체적으로는요?

철학자 프로이트의 경우는 제1차 세계대전을 겪으며 '타나토스(Thanatos)' 혹은 '토데스트리프(Todestrieb)'라고 하는 '죽음 욕동' 개념을 내놓았네. 여기엔 다양한 해석이 있는데, 일단은 '생명에 대한 파괴 충동'이라고 생각하면 될 걸세.[2]

청 년 그런 충동이 있다고 생각하지 않으면 눈앞에 펼쳐진 비극을 설명하지 못했을 거예요.

철학자 아마 그랬겠지. 반면 같은 전쟁을, 그것도 군의관이라는 입장에서 직접 경험한 아들러는 프로이트와 정반대로 '공동체 감각'을 내놓았네. 이 점을 특히 주

---

2 타나토스는 '공격적인 본능'을 뜻하고, 토데스트리프는 '죽음을 향하고자 하는 무의식이나 충동'을 뜻한다. 프로이트는 인간의 삶을 삶 욕동(Lebenstrieb)과 죽음 욕동의 투쟁으로 보았는데, 살기 위한 내적 욕망이 다른 사람을 공격하거나 다른 생물체를 파괴하는 형태로 나타나는 것이다. 역으로는 죽음에 다다를수록 삶의 의지가 되살아나기도 한다. 결국 죽음 욕동은 외부의 공격으로부터 자신을 보호하는 기제로 작용한다. 죽음 욕동은 1920년 프로이트의 저서《삶의 쾌락을 넘어서》에서 처음 소개되었으며, 영어로는 데스트루도(destrudo) 혹은 데스 드라이브(death drive)라고 한다.

목할 필요가 있지.

청 년　왜 거기서 공동체 감각이 나온 거죠?

철학자　아들러는 어디까지나 실천적인 인물이었네. 프로이트처럼 전쟁이나 살인, 폭력의 '원인'을 생각하는 것이 아니라 '어떻게 하면 전쟁을 막을 수 있을까'를 생각했다고 해도 과언이 아닐세. 인간은 전쟁을, 살인과 폭력을 추구하는 존재일까? 그럴 리 없네. 인간이라면 누구나 갖고 있을, 타인을 친구라고 여기는 의식, 즉 공동체 감각을 기를 수 있다면 전쟁을 막을 수 있다. 우리에게는 그럴 힘이 있다. ……아들러는 인간을 믿었던 걸세.

청 년　……하지만 그렇게 공허한 이상을 추구하는 모습이 비과학적이라고 비판을 받았습니다.

철학자　그래, 많은 비판을 받고 많은 친구를 잃었지. 하지만 아들러는 비과학적이었던 것이 아니라 건설적이었던 걸세. 그의 원리 원칙은 '무엇이 주어졌느냐가 아니라 주어진 것을 어떻게 활용하느냐'였으니까.

청 년　하지만 지금도 여전히 세계 곳곳에서 전쟁이 일어나고 있어요.

철학자　분명 아들러의 이상은 아직도 실현되지 않았어. 실현 가능한 것인지 아닌지도 확신할 수 없지. 다만 그 이상을 향해 전진할 수는 있네. 한 사람의 인간(個人)이 언제까지나 성장할 수 있는 것처럼, 인류 또한 끊임없이 성장할 수 있는 존재라네. 현재 불행하다는 이유로 이상을 버려서는 안 되겠지.

청 년 이상을 버리지 않으면 언젠가 전쟁도 사라진다는 말인가요?

철학자 "세계 평화를 위해 우리는 무엇을 해야 합니까?"라는 질문에 테레사 수녀는 이렇게 답했네. "집에 돌아가서 가족을 사랑해주세요"라고. 아들러의 공동체 감각도 마찬가지네. 세계 평화를 위해 무언가를 하지 않아도 되니 먼저 곁에 있는 사람을 신뢰하게. 그 사람과 친구가 되게. 그렇게 하루하루 조금씩 신뢰를 쌓다 보면 국가 간 분쟁도 사라지겠지.

청 년 지금 당장 해야 할 일만 생각하라고요?

철학자 좋든 싫든 거기서부터 시작해야 하네. 전쟁을 없애고 싶다면 자신이 먼저 전쟁에서 벗어나야 하네. 학생들이 나를 믿어주길 바란다면 내가 먼저 학생들을 믿어야 하지. 나를 제쳐두고 전체적인 이야기를 하지 말고, 전체의 일부인 내가 첫발을 내디뎌야 한다네.

청 년 ……3년 전에도 그러셨죠. "내가 시작해야 한다"고.

철학자 그래. "누군가가 시작하지 않으면 안 됩니다. 다른 사람이 협력적이지 않더라도 그것은 당신과는 관계 없습니다. 내 조언은 이래요. 당신부터 시작하세요. 다른 사람이 협력하든 안 하든 상관하지 말고." 누군가 공동체 감각의 실효성에 대해 묻자 아들러는 이렇게 답했지.

청 년 제가 한 발을 내딛는다고 세계가 변할까요?

철학자 변할 수도 있고 아닐 수도 있네. 하지만 결과가 어떻게 될지, 그걸 지금 생각할 필요는 없어. 자네가 할 수 있는 일은 가장 가까운 사람들을 신뢰하는 것. 그것뿐일세. 인간에게 시련이나 결단의 순간은 입시나 취직, 결혼 같은 삶의 상징적인 이벤트가 있을 때만 찾아오는 것이 아니야. 우리에게는 특별할 것 없는 하루하루가 시련이고, '지금, 여기'라는 일상에 큰 결단이 필요하다네. 그 시련을 피해 가는 사람은 진정한 행복을 얻을 수 없어.

청 년 음.

철학자 천하를 논하기 전에 내 이웃에게 마음을 쓴다. 특별할 것 없는 하루하루의 인간관계에 신경을 쓴다. 우리가 할 수 있는 일은 그것뿐이네.

청 년 ……후후. "네 이웃을 네 몸과 같이 사랑하라"는 거요?

주어야 받을 수 있다

철학자 아직 납득되지 않는 부분이 있는 모양이군.

청 년 안타깝게도 아직, 입니다. 하필 선생님이 지적하신 것처럼 학생들은 저를 경멸하고 있습니다. 아니, 학생들뿐 아니에요. 세상 사람들 대부분이 제 가치를 인정해주지 않고, 제 존재를 무시합니다. 만약 그 아이들이 저를 존중하고 제 말에 귀 기울여준다면 제 태도도 달라지겠죠. 아니, 그 아이들을 신뢰할 수 있을지도 몰라요. 하지만 현실은 다릅니다. 그 애들은 언제까지나 저를 얕볼 거예요. 그런 상황 속에서 할 수 있는 일이 있다면 단 하나. 일을 통해 나의 가치를 인정받는 것, 그것뿐입니다. 신뢰니 존경이니 하는 이야기는 그다음이에요!

철학자 그러니까 타인이 먼저 나를 존경해야 하고, 타인의 존경을 얻으려면 일에서 성과를 내야 한다는 말인가?

청 년 말씀대로입니다.

철학자 과연. 그러면 이렇게 생각해보게. 타인을 무조건 신뢰하고 존경하는 것. 이것은 '주는' 행위라네.

청 년 준다고요?

철학자 그래. 돈으로 바꿔 설명하면 알기 쉽겠지. 남에게 뭔가 '주는' 것이 가능하려면 기본적으로 유복한 상황에 놓여 있어야 하네. 수중에 그만큼 모아놓은 돈이 없다면 줄 수가 없지.

청 년 뭐, 돈이라면 그렇겠죠.

철학자 그리고 지금 자네는 아무것도 주려 하지 않고 '받는' 것만 바라고 있어. 마치 구걸하는 사람처럼. 그건 금전적으로 가난해서가 아니라 마음이 가난해서 그런 거라네.

청 년 참 무례하시네요!

철학자 우리는 마음을 넉넉히 가지고 그 모아놓은 것을 타인에게 줘야 한다네. 타인이 존경해주기를 기다리지 말고, 내가 먼저 존경하고 신뢰하지 않으면 안 되지. ……마음이 가난한 사람이 되어서는 안 된다네.

청 년　그런 목표는 철학도 심리학도 아니에요.

철학자　후후. 그러면 이쯤에서 성경에 나오는 구절을 하나 더 소개하지. "구하라, 그리하면 얻을 것이다"라는 말을 알고 있나?

청 년　네. 가끔 듣는 말입니다.

철학자　아들러라면 분명 이렇게 말하겠지. "주라, 그러면 얻을 것이다."

청 년　……그, 그게 무슨!

철학자　주어야 받을 수 있다. '받는' 것만을 기다려서는 안 된다. 마음을 구걸해서는 안 된다. ……이것은 '일'과 '교우'에 이어, 인간관계를 생각하는 데 아주 중요한 또 하나의 관점이라네.

청 년　또, 또 하나는 그러니까…….

철학자　나는 오늘 맨 처음에 말했네. 모든 논의는 '사랑'으로 집약될 것이라고. 아들러가 말하는 '사랑'만큼 치열하고, 하기 힘들고, 용기를 시험하는 과제는 없어. 그런데 아들러를 이해하기 위한 계단은 '사랑'을 시작해야 오를 수 있네. 아니, 방법이 그것밖에 없다고 해도 과언이 아니지.

청 년　아들러를 이해하기 위한 계단…….

철학자 올라갈 용기가 있나?

청 년 일단은 그 계단인지 뭔지에 대해 설명해주지 않으면 대답할 수가 없습니다. 올라갈지 말지는 그 후에 결정하겠습니다.

철학자 알았네. 그러면 인생의 과제에 있어서의 최종 관문, 그리고 아들러의 사상을 이해하기 위한 중요한 계단이기도 한 '사랑'에 관해 생각해보세.

— 다섯 번째 이야기 —

사랑하는 인생을 선택하라

분명 그랬지, 라고 청년은 생각했다. 오늘 논의에 대해 철학자는 맨 처음부터 알렸다. 모든 문제는 '사랑'으로 집약되리라고. 여기까지 꽤 오랜 시간 이야기를 주고받은 끝에 마침내 '사랑'이라는 문제에 도달했다. 대체 이 남자하고 '사랑'에 대해 무슨 말을 하면 좋단 말인가. 애초에 나는 '사랑'에 대해 뭘 알고 있지? 고개를 숙이자, 수첩에 자신도 알아보기 힘든 삐뚤빼뚤한 글씨가 빽빽하게 적혀 있었다. 청년은 약간 불안함을 느끼면서, 침묵을 견디지 못하고 웃음을 지어 보였다.

사랑은 '빠지는' 것이 아니다

청 년　후후. 그래도 좀 이상한걸요.

철학자　무슨 말인가?

청 년　우습잖아요. 이 좁은 서재에서 추루한 남자 둘이서 머리를 맞대고 '사랑'을 논하려 하다니요. 그것도 이런 야밤에!

철학자　따져보면 보기 드문 상황인지도 모르지.

청 년　그래서 무슨 말씀을 하시려고요? 차라리 선생님의 첫사랑에 대해 들려주시죠? 사랑에 빠져 얼굴이 붉게 물든 철학 청년, 그의 운명은 과연! ……헤헤, 재미있을 것 같지 않습니까?

철학자 ……면전에다 대고 사랑이니 연인이니 말하는 것은 멋쩍은 일이지. 젊은 자네가 그렇게 빈정대며 엇나가는 심정은 충분히 이해하네. 하지만 자네만 그런 게 아닐세. 많은 사람이 사랑을 앞에 두고 피도 안 통하는 일반론을 시종 떠들고 있어. 그 결과, 세상에서 말하는 사랑의 대부분은 그 실상을 제대로 파악하기 어렵지.

청 년 오, 여유 있으시네요. 그래서 그 사랑에 관한 '피도 안 통하는 일반론'이란 게 뭡니까?

철학자 이를테면, 너무 숭고하게 여긴 나머지 상대를 신격화하는 사랑. 아니면 반대로 성적 욕망에 사로잡힌 동물적인 사랑. 심지어 자신의 유전자를 다음 세대에 남기려고 하는 생물학적 사랑. 대략 세상에서 말하는 사랑은 이 중 하나를 중심으로 한 것이지. 분명 우리는 이 모든 사랑에 대해 어느 정도는 이해하고 긍정하네. 하지만 동시에 '그것만으로 부족하다'는 사실도 알고 있을 걸세. 관념적인 '신의 사랑'이나 본능적인 '동물의 사랑'에 대해서만 떠들고 누구 하나 '인간의 사랑'을 말하려 하지 않으니까.

청 년 ……신도 동물도 아닌 '인간의 사랑'이라.

철학자 그러면 왜 누구 하나 '인간의 사랑'에 발을 들이려고 하지 않는 걸까? 왜 인간은 진정한 사랑을 말하려고 하지 않는 걸까? ……자네는 어떻게 생각하나?

청 년 뭐, 지적하신 대로 사랑을 말하는 것이 멋쩍은 건 사실입니다. 가장 숨기고픈 개인적인 이야기니까요. 물론 종교에 가까운 '인류애'에 대해서는 희희낙락해서 떠들죠. 인류애란 어떻게 보면 남의 일이고 공론에 불과하니까요. 하지만 나의 연애라면 좀처럼 말하기 어렵죠.

철학자 다른 누구도 아닌 '나'의 일이니까?

청 년 네. 벌거벗고 알몸이 되는 것만큼이나 부끄러운 일입니다. 게다가 또 하나. 사랑에 빠지는 순간은 대부분 '무의식'이 작용합니다. 그래서 논리적인 말로 설명하기에는 무리가 있어요. 이건…… 그렇지, 연극이나 영화를 보고 감동한 관객이 자신이 왜 우는지 설명하지 못하는 것과 같아요. 말로 설명할 수 있을 정도로 합리적인 상태라면 눈물이 날 리도 없을 테니까요.

철학자 과연. 사랑이란 '빠지는' 것이다. 사랑은 제어할 수 없는 충동이며, 우리는 그 폭풍에 흔들릴 수밖에 없다. ……그런 말인가?

청 년 물론입니다. 사랑은 계산해서는 할 수 없을뿐더러 누구도 컨트롤하지 못해요. 그렇기 때문에 '로미오와 줄리엣' 같은 비극이 탄생하는 거고요.

철학자 ……알았네. 아마 지금 자네가 한 이야기는 사랑에 관한 상식적인 견해라고 생각하네. 하지만 세상의 상식을 의심하고, 다른 각도에서 조명해보고, 그 결과 '상식에 대한 안티테제(Antithese)[1]'를 추구해온 철학자가 또 아들러라네. 가령 사랑에 대해서 그는 이렇게 말했네. "사랑이란 일부 심리학자들이 생각하는 것만큼 순수하고 자연적인 기능이 아니다"라고.

청 년 ……어떤 의미죠?

철학자 다시 말해, 인간에게 사랑이란 운명에 의해 정해지는 것도 자연 발생적인 것도 아니네. 우리는 사랑에

1 반정립(定立). 헤겔은 변증법을 통해 인식이나 사물은 '정(定)-반(反)-합(合)'이라는 3단계를 걸쳐 전개된다고 했다. 이 중 '반(反)'에 해당하는 것으로 최초의 단계(定)를 부정하는 둘째 단계를 뜻한다. 처음의 주장인 정립에 대립하며, 그 최초의 명제를 부정해 새로운 주장이 세워진다.

'빠지는' 것이 아니란 말이지.

청 년 그럼 뭔데요?

철학자 쌓아올리는 것일세. '빠지기'만 하는 사랑은 누구나 할 수 있네. 그런 건 인생의 과제라고 부를 만한 가치가 없어. '의지력'을 발판 삼아 아무것도 없는 곳에 쌓아올려야 하기 때문에 사랑의 과제가 어렵고 힘든 것이라네. 많은 사람이 이러한 원칙을 모른 채 사랑을 말하려 한다네. 그러다 보니 인간이 실제로 관계를 맺어보지 않으면 알 수 없는 '운명'이니 동물적인 '본능'이니 하는 말에 기댈 수밖에 없는 걸세. 자신에게 가장 중요한 과제임에도 의지나 노력의 테두리 밖에 있는 것이라 여기고 직시하지 않네. 쉽게 말해 '사랑하는 것'을 하려고 않지.

청 년 사랑하는 것을 하려 하지 않는다고요?!

철학자 그래. 분명 '빠지는 사랑'을 말하는 자네도 그러하겠지. 우리는 신도 동물도 아닌 '인간의 사랑'을 생각하지 않으면 안 되네.

'사랑받는 기술'에서 '사랑하는 기술'로

청 년　그런 건 얼마든지 반증할 수 있습니다. 아시겠어요, 우리는 모두 사랑에 빠져본 경험이 있습니다. 선생님도 예외는 아니겠죠. 이 세상을 사는 사람이라면 그 사랑의 폭풍을, 멈출 수 없는 사랑의 충동을 몇 번이고 겪어요. 즉 '빠지는 사랑'은 확실히 존재합니다. 이 사실은 인정하시죠?

철학자　이렇게 생각해보게. 가령 자네가 카메라를 갖고 싶다고 하세. 매장 쇼윈도에서 우연히 본 독일산 이안 반사식 카메라(twin lens reflex camera)[2]에 마음을 빼앗겼네. 한 번도 만져본 적 없고 초점 맞추는 방법도 모르지만, 언젠가 저 카메라를 내 것으로 만들고 싶다. 늘 가지고 다니면서 마음 내키는 대로 사진을 찍고 싶다. ……특별히 카메라가 아니어도 상관없어. 가방이든 차든 악기든, 무엇이든 괜찮네. 그 기분은 상상할 수 있겠지?

청 년　네, 충분히 이해합니다.

---

2 두 개의 렌즈를 사용하여 촬영하는 중형 필름 카메라. 위쪽 렌즈는 피사체를 보는 파인더용, 아래쪽 렌즈는 촬영용이다.

철학자 이때 자네는 마치 사랑에 빠진 것처럼 카메라에 정신을 빼앗기고 끝없는 욕망의 '폭풍'에 사로잡힐 거야. 눈 감으면 그 모습이 떠오르고, 귓가에는 셔터 소리가 울려 퍼지는 등 다른 일은 머릿속에 들어오지도 않을 테지. 어린아이였다면 부모 앞에서 울고불고 떼를 써서라도 가지려 했을지 몰라.

청 년 ……예, 뭐.

철학자 하지만 실제로 카메라를 갖게 된다면 반년도 채 되지 않아 질리고 말 걸세. 왜 손에 넣자마자 질리는 것일까? 자네는 독일산 카메라로 '촬영하고 싶었던' 것이 아닐세. 그것을 손에 넣고 소유하고 정복하고 싶었을 뿐이지. ……자네가 말하는 '빠지는 사랑'이란 이런 소유욕이나 정복욕과 조금도 다름이 없네.

청 년 요컨대 '사랑에 빠지는 것'이 물욕에 사로잡히는 것과 같다는 말씀입니까?

철학자 물론 살아 있는 인간이 대상이다 보니 낭만적인 이야기를 엮고 싶겠지. 하지만 본질적으로는 물욕과 같네.

청 년 ……큭큭, 이거 걸작이네.

철학자 왜 그러지?

청 년　……인간이란 참 알 수가 없어요! 이웃 사랑을 설파하는 선생님이 설마 이런 허무주의(nihilism)에 물든 발언을 하실 줄이야! 뭐가 '인간의 사랑'입니까? 뭐가 상식에 대한 안티테제란 거예요? 그런 사상은 손톱만큼도 쓸모가 없습니다!

철학자　아마 자네는 논의의 전제가 되는 부분에 대해서 두 가지 점을 오해하고 있을 거야. 우선 첫 번째. 자네는 유리구두를 신은 신데렐라가 왕자와 맺어질 때까지의 이야기에 주목하고 있네. 하지만 아들러는 이야기가 끝이 난 후, 두 사람이 맺어지고 나서의 '관계'에 주목하지.

청 년　맺어지고 나서의…… 관계요?

철학자　그래. 가령 불같이 사랑한 끝에 결혼했다고 하세. 그것이 사랑의 최종 목표일까? 결혼은 진정한 의미에서 두 사람의 사랑이 시험받는 출발점이라네. 현실의 인생은 거기서부터 하루하루가 계속되니까.

청 년　……그러니까 아들러가 말하는 사랑은 결혼생활을 뜻하는 겁니까?

철학자　그리고 두 번째. 강연을 많이 다녔던 아들러에게 청중이 가장 많이 한 질문은 연애 상담이었다고 하더군. 세상에는 '타인에게 사랑받는 기술'을 설파하는 심리학자가 참 많아. 어떻게 하면 짝사랑하는 상대한테서 사랑받을 수 있는가에 관한. 어쩌면 사람들이 아들러에게 기대하던 조언도 그러한 것이었을지도 모르지. 하지만 그가 말하는 사랑은 전혀 다른 것이었어. 아들러가 일관되게 설파한 것은 능동적인 사랑의 기술, 즉 '타인을 사랑하는 기술'이었네.

청 년 사랑하는 기술이요?

철학자 그래. 이러한 사고방식을 이해하려면 아들러뿐 아니라 에리히 프롬의 말에도 귀를 기울이면 좋겠지. 그 명칭마저 '아트 오브 러빙(The Art of Loving)'인, 즉 세계적인 그의 베스트셀러 《사랑의 기술》 말이야. 확실히 타인한테 사랑받기는 어렵지. 하지만 '타인을 사랑하는 것'은 그 몇 배나 어려운 과제라네.

청 년 그런 말장난을 누가 믿습니까! 사랑하는 건요, 아무리 못된 인간도 할 수 있어요. 어려운 것은 사랑받는 것이라고요! 사랑의 고민은 그 한마디에 집약된다고 해도 과언이 아니에요!

철학자 예전에는 나도 그렇게 생각했지. 하지만 아들러를 알고, 아이를 키우면서 그 사랑을 실천하고 위대한 사랑의 존재를 알게 된 지금은 생각이 완전히 바뀌었다네. 이는 아들러 이론의 근간을 이루는 부분이네. ……사랑하는 것이 얼마나 어려운지 깨닫는 순간, 자네는 아들러의 모든 것을 이해하게 될 테지.

사랑이란 '두 사람이 달성하는 과제'다

청 년 아뇨, 양보할 수 없어요! 사랑하는 거라면 누구나 할 수 있어요. 제아무리 성격이 꼬인 인간일지라도, 제아무리 덜떨어진 인간일지라도 누군가를 애타게 그리워합니다. 즉 다른 사람을 사랑할 수 있어요. 하지만 다른 사람에게서 사랑받는 것은 굉장히 어렵다고요. ……제가 좋은 예입니다. 외모는 보시다시피 이 모양이고요, 여자가 앞에 있으면 얼굴은 빨개지고 목소리는 갈라지고 눈은 둘 곳을 몰라요. 사회적 지위도 없고 재력도 없어요. 게다가 유감스럽게도 성격은 이렇게 꼬였습니다. 하하, 이런 저를 사랑해줄 사람이 어디에 있답니까!

철학자 자네, 지금까지 살아오면서 누군가를 사랑해본 적

있나?

청 년 ……이, 있습니다.

철학자 그 사람을 사랑하는 것이 간단하던가?

청 년 어렵다거나 쉽다거나 하는 문제가 아니잖아요! 문득 정신을 차리고 보니 사랑에 빠졌더라, 어느새 사랑하게 되었더라, 그 사람이 머릿속에서 떠나지 않더라. 이런 게 사랑이라는 감정 아니냐고요!

철학자 그러면 지금 자네는 누군가를 사랑하고 있나?

청 년 ……아니요.

철학자 왜지? 사랑하는 것은 간단하다면서?

청 년 아, 짜증 나. 선생님과 말하고 있으면 마음이 뭔지 모르는 기계를 상대하고 있는 느낌이에요! '사랑하는 것'은 간단합니다. 맹세코 간단해요. 하지만 '사랑할 사람과 만나는 것'은 쉽지 않아요. 문제는 '사랑할 사람과 만나는 것'이란 말입니다!

철학자 알았네. 사랑은 '기술'의 문제가 아니라 '대상'의 문제다. 사랑에 있어서 중요한 것은 '어떻게 사랑하느냐'가 아니라 '누구를 사랑하느냐'이다. 이 말이로군?

청 년 당연하죠!

철학자 그러면 아들러는 사랑의 관계를 어떻게 정의했을까? 확인해보세.

청 년 ……어차피 뜬구름 잡는 이상론이겠죠.

철학자 처음에 아들러는 말했네. "우리는 혼자서 달성하는 과제, 혹은 스무 명이 달성하는 과제에 대해서는 교육을 받는다. 하지만 두 사람이 달성하는 과제에 대해서는 교육받지 않는다"라고.

청 년 ……두 사람이 달성하는 과제요?

철학자 이를테면, 자다가 몸을 뒤집는 것조차 제대로 하지 못하던 갓난아기가 두 발로 일어서서 걸어 다니는 것. 이건 누구도 대신해줄 수 없는 '혼자서 달성하는 과제'라네. 서는 것과 걷는 것, 말을 배우고 커뮤니케이션을 하는 것. 혹은 철학, 수학, 물리학 같은 학문을 배우는 일도 전부 '혼자서 달성하는 과제'에 해당되겠지.

청 년 그렇겠죠.

철학자 이에 반해 일은 '무리를 지어 달성하는 과제'라네. 언뜻 보기에 혼자서 하는 것처럼 보이는, 예를 들면 그림을 그리는 일에도 반드시 협력자가 존재하네. 붓과 물감을 만드는 사람, 캔버스를 만드는 사람, 이

젤을 만드는 사람, 미술상한테서 그림을 구입하는 사람. 이렇게 타인과의 관계 또는 협력을 빼놓고 성립되는 일은 하나도 없지.

청 년 네, 말씀대로입니다.

철학자 그리고 우리는 '혼자서 달성하는 과제'와 '무리를 지어 달성하는 과제'에 관해서는 가정과 학교에서 충분히 교육을 받고 있네. 그렇지?

청 년 뭐, 그렇습니다. 우리 학교에서도 빈틈없이 가르치고 있지요.

철학자 그런데 '두 사람이 달성하는 과제'에 대해서는 아무런 교육도 받지 않아.

청 년 그 '두 사람이 달성하는 과제'가…….

철학자 아들러가 말하는 '사랑'이네.

청 년 즉 사랑이란 '두 사람이 달성하는 과제'다. 하지만 우리는 그것을 달성하기 위한 '기술'은 배우지 않는다. ……이렇게 이해해도 되겠습니까?

철학자 그래.

청 년 ……후후. 제가 뭐 하나 납득하지 못하고 있다는 건 알고 계시죠?

철학자 그래. 방금 설명한 것은 입구에 불과하네. 인간에게 사랑이란 무엇인가. 일의 관계, 또 교우의 관계와는 어떻게 다른가. 우리는 왜 타인을 사랑하지 않으면 안 되는가. ……새벽이 다가오고 있네. 우리에게 남은 시간이 별로 없어. 1분 1초도 허투루 쓰지 말고 함께 생각해보세.

인생의 '주어'를 바꾸라

청 년 자, 단도직입적으로 묻겠습니다. 사랑이란 '두 사람이 달성하는 과제'입니다. ……이건 뭔가를 말하고 있는 것처럼 들리지만, 실제로는 아무것도 말해주지 않아요. 대체 '두 사람'이 무엇을 달성한다는 겁니까?

철학자 행복이네. 행복한 삶을 이루는 거지.

청 년 오, 바로 나오는군요!

철학자 우리는 모두 행복해지기를 바라네. 더 행복한 삶을 추구하면서 살지. 여기엔 동의하지?

청 년 물론입니다.

철학자 그리고 행복해지기 위해서는 인간관계에 발을 들이지 않으면 안 되네. 인간의 고민은 전부 인간관계에서 비롯되고, 인간의 행복 또한 인간관계에서 비롯된다네. 이것도 여러 번 말했었지.

청 년 네. 그러니까 인생의 과제에 발을 들여야 한다고.

철학자 그러면 구체적으로 인간에게 행복이란 무엇일까? 3년 전 그날, 나는 아들러가 내린 행복의 결론을 말해주었네. 즉 '행복이란 공헌감' 이라고.

청 년 네. 상당히 대담한 결론이었죠.

철학자 아들러는 말했네. '나는 누군가에게 도움이 된다' 라는 생각이 들었을 때만 자신의 가치를 실감할 수 있다고. 나의 가치를 실감하고 '여기에 있어도 좋다' 라는 소속감을 얻을 수 있지. 하지만 한편으로 나의 행동이 정말로 도움이 되고 있는지에 대해서는 알 길이 없네. 비록 눈앞에서 기뻐해주는 사람이 있어도 그것이 '진심' 인지는 원칙적으로 알 수는 없어. 그래서 나온 것이 공헌감이네. '나는 누군가에게 도움이 된다' 라는 주관적인 느낌이 든다면, 즉 공헌감이 있다면 그걸로 족하다. 더 이상 근거를 찾을 필요가 없다. 공헌감 속에서 행복을 발견하자. 공헌감 속에서 기쁨을 발견하자. 우리는 일의 관계를 통해 자신이 누군가에게 도움이 되고 있음을 실감하네. 우리는 교우의 관계를 통해 자신이 누군가에게 도움이 되고 있음을 실감하지. 그렇다면 행복은 거기에 있는 거라네.

청 년 네, 인정합니다. 솔직히 말씀드려서 지금 하신 이야기가 제가 지금까지 접했던 행복론 중에 가장 단순하고 가장 납득이 갑니다. 그렇기에 반대로 사랑을 통해 '행복한 삶'을 달성한다, 라는 개념이 잘 이해되지 않습니다.

철학자 그럴지도 모르지. 그러면 여기서 분업에 대한 논의를 다시 생각해보게. 분업의 밑바탕에 흐르는 것은 '나의 행복', 즉 이기심이다. '나의 행복'을 극한까지 추구하다 보면 결과적으로 누군가의 행복으로 이어진다. 분업의 관계가 성립한다. 말하자면 건전한 기브 앤 테이크(give & take)가 작용하는 것이다. 이런 내용이었지.

청 년 네, 아주 재미있는 논의였습니다.

철학자 한편 교우의 관계를 성립시키는 것은 '너의 행복'일세. 상대에게 담보나 대가를 구하지 않고 무조건 신뢰한다. 여기에 기브 앤 테이크라는 발상은 없네. 오

이기적으로 '나의 행복'을 바라는 것도,
이타적으로 '너의 행복'을 바라는 것도 아닐세.
나눌 수 없는 '우리의 행복'을 쌓아올리는 것.
그것이 사랑이네. 사랑은 '나'였던 인생의 주어를
'우리'로 바꿔주지.

로지 믿고 오로지 주는 이타적 태도를 통해서만 교우의 관계가 생긴다네.

청 년 주라, 그러면 얻을 것이다……. 이거죠?

철학자 그래. 즉 우리는 '나의 행복'을 추구함으로써 분업의 관계를 맺고, '너의 행복'을 추구함으로써 교우의 관계를 맺는다네. 그렇다면 사랑의 관계는 어떤 걸 추구한 결과로 성립되는 걸까?

청 년 ……그야, 사랑하는 사람의 행복. 숭고한 '너의 행복'이겠지요.

철학자 아닐세.

청 년 어? ……그러면 사랑의 정체는 이기주의(egoism), 다시 말해 '나의 행복'이라는 건가요?

철학자 그것도 아닐세.

청 년 그러면 뭡니까?!

철학자 이기적으로 '나의 행복'을 바라는 것도, 이타적으로 '너의 행복'을 바라는 것도 아닐세. 나눌 수 없는 '우리의 행복'을 쌓아올리는 것. 그것이 사랑이네.

청 년 ……나눌 수 없는, 우리요?

철학자 그래. '나'와 '너'보다 상위에 있는 것이 '우리'라네. 인생의 모든 선택에 있어서 이 순서는 꼭 지켜진다네. '나'의 행복을 우선하지 않고, '너'의 행복에 만 만족하지 않는다. '우리' 두 사람이 행복하지 않으면 의미가 없다. '두 사람이 달성하는 과제'란 그런 걸세.

청 년 이기적이면서도 이타적이기도 하다……. 그런 건가요?

철학자 아니. 이기적인 것도 '아니'고, 이타적인 것도 '아니'네. 사랑은 이기심과 이타심이 모두 있는 것이 아니라 둘 다 물리치는 것이라네.

청 년 왜죠?

철학자 ……'인생의 주어'가 변하기 때문이지.

청 년 인생의 주어요?!

철학자 우리는 태어나서 줄곧 '나'의 눈으로 세계를 보고, '나'의 귀로 소리를 듣고, '나'의 행복을 바라며 인생을 걸어가네. 모든 인간이 그러하듯이. 하지만 진정한 사랑을 깨달았을 때, '나'였던 인생의 주어는 '우리'로 변하네. 이기심도 아니고 이타심도 아닌 전혀 새로운 지침 아래 다시 태어나는 것이지.

청 년 하지만 그건 '내'가 사라질 수도 있다는 말이잖아요?

철학자 바로 그걸세. 행복한 삶을 얻기 위해서 '나'는 사라져야 하네.

청 년 뭐라고요?!

자립이란 '나'로부터 벗어나는 것

철학자 사랑이란 '두 사람이 달성하는 과제'라네. 사랑을 통해 두 사람은 행복한 삶을 이루어가지. 그러면 사랑이 왜 행복으로 이어지는 것일까? 한마디로 하자면 그 사랑이 '나'로부터의 해방이기 때문이네.

청 년 나로부터의 해방?

철학자 그래. 처음 세상에 태어났을 때 우리는 '세계의 중심'으로 군림하네. 주변 사람 누구나 '나'를 걱정해 밤낮으로 어르고, 밥을 먹여주고, 심지어 똥오줌까지 받아준다네. '내'가 웃으면 세계가 웃고, '내'가 울면 세계가 움직여. 가정이라는 왕국에 군림하는 독재자나 다름없지.

청 년 뭐, 최소한 현대에서는 그렇죠.

철학자 이 독재자와도 같은 압도적인 힘. 그 힘은 어디서 비롯되는 것일까? 아들러는 '나약함'이라고 단언했네. 어린 시절 우리는 우리의 '나약함'으로 어른들을 지배한다고 말일세.

청 년 ……나약한 존재라서 주변에서 도울 수밖에 없다고요?

철학자 그래. '나약함'이란 인간관계에서 엄청나게 강력한 무기가 되네. 이것은 아들러가 임상 경험을 바탕으로 깊이 통찰한 끝에 이루어낸 중대한 발견일세. 어떤 소년의 이야기를 예로 들어보겠네. 소년은 컴컴한 어둠을 무서워했어. 밤이 되어 잠잘 시간이 되어 침대에 눕자 어머니가 불을 끄고 침실을 나갔지. 그러자 소년이 울음을 터뜨렸네. 여간해서는 울음을 그치지 않아서 어머니가 돌아와서 물었어. "왜 우니?" 울음을 그친 소년은 조그마한 목소리로 대답했지. "깜깜해서요." 아들의 '목적'을 눈치 챈 어머니는 한숨을 쉬며 물었네. "그래서 엄마가 오니까 조금이라도 밝아졌니?"

청 년 후후. 정말 그렇네요!

철학자 어둠 그 자체는 문제가 아닐세. 소년이 가장 무서워하고 피하고 싶었던 것은 어머니와 떨어지는 상황이었네. 아들러는 이렇게 말했지. "소년은 울거나 떼쓰거나 잠들지 않거나 혹은 뭔가 다른 수단을 통해 일부러 어머니를 성가시게 해서 자기 곁에 두려고 할 것이다."

청 년 나약함을 더욱 내보임으로써 어머니를 지배한다.

철학자 그렇네. 다시 아들러의 말을 빌려보도록 하지. "과거 그들은 원하는 것은 무엇이든 얻어낼 수 있는 황금시대에 살았다. 그리고 그중에는 여전히 그렇게 느끼는 사람이 있다. 충분히 오래 울고, 충분히 항의하고, 협력을 거부하면 다시 원하는 것을 손에 넣을 수 있으리라고. 그들은 인생과 사회를 전체로 보지 않고, 자신의 개인적 이익에만 초점을 맞춘다."

청 년 황금시대! 정말 그렇네요, 아이들에게는 황금시대죠!

철학자 아이들만 그러한 삶의 방식을 선택하는 것은 아닐세. 많은 어른이 자신의 나약함과 불행, 불우한 환경, 트라우마를 '무기' 삼아 다른 사람을 조종하려고 하지. 걱정시키고, 말과 행동을 속박하고 지배하려고 든다네. 그런 어른들을 아들러는 '응석받이 아이들'이라고 일컬으며 그 생활양식(세계관)을 신랄하게 비판했네.

청 년 아, 저도 너무 싫어요! 그런 인간들은 울면 다 된다고 생각하고, 상처를 내보이면 죄를 면할 수 있을 거라고 생각해요. 게다가 강한 자는 '악'으로 간주하고 약한 자신은 '선'으로 둔갑시킨다고요! 그 자들의 논리에 따르면, 우리는 강해지는 것도 허용되지 않아요. 강해지는 것은 악마에게 혼을 팔아넘기고 '악'으로 전락하는 것을 의미하니까요!

철학자 하지만 여기서 우리는 아이들, 특히 태어난 지 얼마 안 된 신생아의 신체적 열등성을 고려해야 하네.

청 년 신생아요?

철학자 원칙적으로 아이들은 자기 힘으로 살아가지 못해. 우는 것, 즉 자신의 나약함을 호소함으로써 주변의 어른들을 지배하고 자기 뜻대로 움직이게 해야지. 그렇지 않으면 내일의 목숨이 위태로워지니까. 막 태어난 아이들은 어리광을 부리고 싶어서, 혹은 성격이 제멋대로라서 우는 것이 아닐세. 살기 위해서는 '세계의 중심'으로 군림할 수밖에 없는 거라네.

청 년 ……음. 확실히 그래요.

철학자 모든 인간은 과도하게 '자기중심성(自己中心性, egocentrism)[3]'에서 출발하지. 그렇지 않으면 살아갈 수 없어. 하지만 언제까지나 '세계의 중심'으로 군림할 수는 없지. 세계와 화해하고, 자신이 세계의 일부임을 이해하고 받아들이지 않으면 안 되네. ……여기까지 이해했다면 오늘 여러 번 말했던 '자립'이 무엇을 의미하는지도 알게 되겠지.

청 년 ……자립의 의미요?

철학자 그래. 왜 자립이 교육의 목표일까? 왜 아들러 심리학은 교육을 가장 중요한 과제의 하나로 생각한 것일까? 자립에는 어떤 의미가 담겨 있지?

청 년 가르쳐주세요.

철학자 자립이란 '자기중심성으로부터의 탈피'라네.

청 년 ……!!

철학자 그래서 아들러는 공동체 감각을 social interest, 즉 사회에 대한 관심, 타인에 대한 관심으로 해석한 걸

3 본래는 일곱 살 이전의 어린아이의 마음 및 행동 특성을 나타내는 말로 스위스의 심리학자 피아제(Piaget)가 처음 제시했다. 다른 사람의 관점이나 입장을 고려하지 않고 자신의 관점이나 입장에서 사고하고 행동하는 특성을 뜻하는데, 어린아이의 경우 자기 안의 주관적인 세계와 자기 밖에 있는 객관적 세계를 구별하는 능력이 떨어지기 때문이다. 따라서 자기중심적으로 생각하고 행동하는 경향이 강하게 나타난다. 피아제는 아이들이 자라면서 또래들과의 관계를 통해 이러한 자기중심성을 점점 극복해나간다고 생각했다. 이 책에서는 자기중심적으로 생각하고 행동하는 경향이 고착화된 것까지 의미한다.

세. 우리는 완미(頑迷, 융통성이 없고 고집이 세어 사리에 어두움)한 자기중심성에서 벗어나서 '세계의 중심'으로 살아온 것을 그만두어야 하네. '나'로부터 탈피해야 하네. 응석부리던 어린 시절의 생활양식으로부터 완전히 벗어나야 한단 말일세.

청 년 자기중심성으로부터 탈피할 때 비로소 우리는 자립한다……. 그건가요?

철학자 그대로네. 인간은 변할 수 있어. 생활양식을, 세계관이나 인생관을 바꿀 수 있어. 사랑은 '나'였던 인생의 주어를 '우리'로 바꿔주지. 우리는 사랑을 함으로써 '나'로부터 해방되어 자립을 이루고, 진정한 의미에서 세계를 받아들일 수 있다네.

청 년 세계를 받아들인다고요?!

철학자 그래. 사랑을 알고 나서 인생의 주어가 '우리'로 변하는 것. 이는 인생의 새로운 출발일세. 단 두 사람으로 시작된 '우리'는 머지않아 공동체 전체로 그리고 인류 전체로까지 그 범위를 확대해가겠지.

청 년 그것이…….

철학자 공동체 감각이라네.

청 년 ……사랑, 자립, 공동체 감각! 어라, 아들러가 제창한 모든 이론이 연결되고 있잖아!

철학자 그래. 우리는 지금 위대한 결론에 거의 다 다다랐네. 그 심연까지 함께 내려가세나.

철학자가 말한 '사랑'은 청년이 예상한 것과 전혀 달랐다. 사랑이란 '두 사람이 달성하는 과제'이며, 그러기 위해서는 '나'의 행복도 '너'의 행복도 아닌 '우리'의 행복을 추구하지 않으면 안 된다. 그래야 우리는 '나'로부터 탈피할 수 있다. 자기중심성에서 해방되어야 진정한 자립을 이룰 수 있다. 자립이란 어린 시절의 생활양식에서 탈피하는 것이며, 자기중심성에서 벗어나는 길이다. 청년은 지금 자신이 커다란 문을 열기 직전임을 직감했다. 이 문 너머에 기다리고 있는 것은 환한 빛일까, 칠흑 같은 어둠일까……. 아는 것이라곤 그저, 자신이 운명의 문고리에 손을 댔다는 사실뿐이었다.

그 사랑은 '누구'를 향한 것인가

청 년 ……그 심연은 어디로 이어지나요?

철학자 사랑과 자립의 관계를 고려할 때, 피해갈 수 없는 과제가 부모자식 관계라네.

청 년 아……. 알겠습니다. 그렇겠죠, 그렇고말고요.

철학자 태어난 지 얼마 안 된 아이들은 자기 힘으로 살아갈 수 없네. 타인의, 원칙적으로는 어머니의 끊임없는 헌신이 있어야 겨우 목숨을 부지할 수 있지. 지금 우리가 여기에 살 수 있는 것은 어머니와 아버지의 사랑과 헌신이 있었기 때문일세. '나는 어느 누구한테도 사랑받지 못하고 자랐다'라고 생각하는 사람이 있다면, 이 사실을 외면해서는 안 되네.

청 년 맞아요. 더할 나위 없이 아름다운, 조건 없는 사랑이 있었을 테죠.

철학자 하지만 관점을 바꿔보면, 이 단계의 사랑은 부모자식 간의 인연을 단순히 아름답게만 볼 수 없는 골치 아픈 문제를 안고 있다네.

청 년 뭐죠?

철학자 아무리 '세계의 중심'으로 군림한다고 해도, 아직 어린 우리는 부모에 의존하면서 살 수밖에 없네. '나'의 목숨을 부모가 쥐고 있기 때문에 부모한테 버림받으면 목숨을 잃어버리고 마니까. ……아이들은 그것을 이해할 만한 충분한 지성이 있어. 그리고 어느 날 아이들은 깨닫게 되지. '나'는 부모에게 사랑받아야 살 수 있는 존재라는 걸.

청 년 ……그건 그래요.

철학자 그리고 바로 이 시기에 아이들은 생활양식을 선택한다네. 자신이 사는 이 세계가 어떤 곳이고, 이곳에는 어떤 사람들이 살고, 나는 어떤 사람인가. 이러한 '인생에 대한 태도'를 자신의 의사로 선택하는 걸세. ……이 사실이 무엇을 의미하는지 아나?

청 년 아, 아뇨.

철학자 우리가 자신의 생활양식을 선택할 때, 그 목표는 '어떻게 하면 사랑받을 수 있을까'가 될 수밖에 없다는 것. 우리는 모두 생명과 직결된 생존전략으로서 '사랑받기 위한 생활양식'을 선택하는 거라네.

청 년 사랑받기 위한 생활양식이라고요?!

철학자 아이는 아주 우수한 관찰자라네. 자신이 처한 환경을 생각하고, 부모의 성격과 성향을 파악하고, 형제가 있으면 그 위치 관계를 헤아리고, 각자의 성격을 감안해서 어떤 '나'여야 사랑받을 수 있을까를 판단한 후에 자신의 생활양식을 선택하지. 이를테면, 이 시기부터 부모가 하는 말에 순순히 따르는 '착한 아이'라는 생활양식을 선택하는 아이도 있겠지. 아니면 반대로 사사건건 말 안 듣고 반항하고 거부하는 '못된 아이'라는 생활양식을 선택하는 아이도 있을 테고.

청 년 왜요? '못된 아이'가 되면 사랑받을 기회를 놓치게 되지 않습니까?

철학자 그게 사람들이 흔히 오해하는 점인데, 울고 화내고 소리 지르고 반항하는 아이는 감정을 주체하지 못한 것이 아닐세. 오히려 지나칠 정도로 충분히 감정을 컨트롤한 결과로 그런 행동을 하는 거라네.

청 년 그것도 생존전략이라고요?

철학자 그래. '사랑받기 위한 생활양식'이란 어떻게 하면 타인으로부터 주목을 받고, 어떻게 하면 '세계의 중심'에 설 수 있는가를 모색하는, 어디까지나 자기중심적 생활양식이라네.

청 년 ……겨우 이야기가 연결되는군요. 그러니까, 제가 가르치는 학생들이 여러 문제행동을 하는 것도 그 자기중심성에 기초한다, 아이들의 문제행동은 '사랑받기 위한 생활양식'에서 비롯된다, 그런 말씀이시죠?

철학자 그뿐 아닐세. 아마 지금 자네가 선택한 생활양식도 어린 시절의 생존전략에 뿌리를 둔 '어떻게 하면 사랑받을 수 있을까'가 기준이 되겠지.

청 년 뭐라고요?!

철학자 자네는 아직 진정한 의미에서 자립을 이루지 못했어. 자네는 여전히 '누군가의 아이'라고 하는 생활양식에 머물고 있지. 학생들의 자립을 지원하고 진정한 교육자가 되기를 원한다면, 자네가 먼저 자립하지 않으면 안 되네.

청 년 왜, 어떤 근거로 그렇게 단정하시는 겁니까? 저는 이렇게 교사가 되어 사회의 테두리 안에서 살고 있어요. 제 의사로 일을 선택하고 제 힘으로 벌어먹고 살면서 부모님께 손 한 번 벌린 적이 없다고요. 저는 이미 자립했습니다!

철학자 하지만 자네는 여전히 누구도 사랑하지 않지.

청 년 ……헉!

철학자 자립이란 경제상의 문제도, 취업상의 문제도 아닐세. 인생에 대한 태도, 생활양식의 문제라네. ……자네도 누군가를 사랑해야겠다고 결심하는 순간이 오겠지. 그때가 바로 어린 시절의 생활양식과 결별하고 진정한 자립을 이룰 때라네. 우리는 타인을 사랑함으로써 비로소 어른이 되니까.

청 년 사랑을 함으로써 어른이 된다고요……?!

철학자 그래. 사랑은 진정한 자립이네. 어른이 되는 거지. 그래서 사랑이 힘든 거라네.

왜 사랑받기만을 원하는가

청 년 하지만 저는 부모님으로부터 자립했어요! 그분들한테 사랑받아야겠다는 생각은 털끝만큼도 하지 않는다고요! 부모님이 원하는 일자리를 얻지 않고, 대학 도서관에서 박봉을 받으며 일하다가 지금은 이렇게 교육자의 길을 걷고 있어요. 설령 그래서 부모자식 관계에 균열이 생겨도 상관없다, 미움받아도 괜찮다, 라고 결심하고요. 최소한 제게는 취직이야말로 '어린 시절의 생활양식'에서 탈피하는 거였다고요!

철학자 ……자네, 형이 한 명 있다고 했지?

청 년 네. 형은 아버지가 하시던 인쇄공장을 물려받았습니다.

철학자 아마 자네는 가족과 같은 길을 가는 것이 달갑지 않았겠지. 자네에게 중요한 것은 '모두와 다른 것'이었을 테니까. 아버지와 형과 같은 일을 하면 주목도 받지 못하고 자신의 가치도 실감할 수 없거든.

청 년 무, 무슨 말씀입니까?!

철학자 일뿐 아닐세. 어린 시절부터 무엇을 하든 형이 나이가 많다 보니 힘도 세고 경험도 월등해서 도저히 승산이 없었겠지. 그러면 어떻게 해야 할까? 아들러는 말했네. "일반적으로 막내는 다른 가족들과 전혀 다른 길을 선택한다. 만일 과학자 집안에서 태어났다면 음악가나 상인이 될 것이다. 상인 집안에서 태어났다면 시인이 될지도 모른다. 늘 남과는 달라야 하는 것이다."

청 년 그렇게 단정하지 마세요! 선생님의 말씀은 인간의 자유의사를 우롱하고 있습니다!

철학자 그래. 아들러도 형제간의 서열에 관해서는 그 '경향'에 관해서만 설명했지. 하지만 자신이 처한 환경이 어떤 '경향'을 가져오는지 알아두는 편이 좋을 걸세.

청 년 ……그러면 형은요? 형의 경우엔 어떤 '경향'이 있는 거죠?

철학자 첫째나 외동이라면, 최대의 특권은 '부모의 사랑을 혼자 독차지한 시절'이 있었다는 것이겠지. 둘째부터는 부모를 '혼자 독차지'한 경험이 없어. 늘 앞서가는 라이벌이 있고, 대개 경쟁관계에 놓이지. 단 과거에 부모의 사랑을 독차지했던 첫째라도 동생이 생기게 되면 그동안 누리던 독점적 지위를 상실하게 돼. 이 좌절과 잘 타협하지 못한 첫째는 언젠가 다시 자신이 권력의 자리에 복귀해야 한다고 생각하네. 아들러의 말을 빌리자면 '과거의 숭배자'가 되어 보수적이고 미래에 대해 비관적인 생활양식을 형성해 가지.

청 년 후후. 확실히 우리 형한테는 그런 '경향'이 있어요.

철학자 힘과 권위의 중요성을 잘 이해하고, 권력 행사를 좋아하고, 법의 지배에 지나치다 싶게 큰 가치를 두는 것. 바로 보수적인 생활양식이네. 단 동생이 태어났을 때 미리 협력과 지원에 대한 교육을 받았다면, 첫째는 우수한 리더가 될 거야. 아이를 키우는 부모를 본받아서 동생을 보살피는 데서 기쁨을 발견하고 공헌의 의미를 깨우칠 걸세.

청 년 그러면 둘째는요? 제가 둘째이자 막내이기도 한데,

둘째에게는 어떤 '경향'이 있습니까?

철학자 아들러는 전형적인 둘째는 보기만 해도 알 수 있다고 말했네. 둘째는 늘 자기 앞을 달리는 페이스메이커가 있지. 그리고 둘째의 마음 깊은 곳에서는 '따라잡고 싶다'는 바람이 있네. 형(오빠)과 누나(언니)를 따라잡고 싶다, 따라잡기 위해서는 서둘러야 한다. 끊임없이 자기를 채찍질하며 위의 형제를 따라잡고 추월하면서 심지어는 이기기를 바라지. 법의 지배를 중시하는 보수적인 첫째와 다르게, 태어난 순서라는 자연법칙마저 뒤집어엎는 것을 마다하지 않네. 그런 까닭에 둘째는 혁명을 지향하지. 첫째처럼 기존 권력에 고분고분 따르지 않고, 권력의 전복에 가치를 둔다네.

청 년 ……제게도 그 성급한 혁명가로서의 '경향'이 있다고요?

철학자 글쎄, 그건 모르겠군. 이 분류는 어디까지나 인간을 이해하는 데 얼마간 도움을 주려는 것이지, 뭔가를 결정하려는 것은 아니니까.

청 년 그러면 마지막으로 외동은 어떻습니까? 위로도 아래로도 경쟁자가 없고, 내내 권력의 자리에 머물고 있는 것 아닌가요?

철학자 확실히 라이벌이 될 만한 형제가 없지. 하지만 이 경우는 아버지가 라이벌이 되네. 어머니의 사랑을 독점하고 싶은 나머지 아버지를 라이벌로 여기게 되지. 말하자면 마더콤플렉스를 발달시키기 쉬운 환경에 놓여 있다네.

청 년 오, 약간 프로이트에 가까운 발상이네요.

철학자 다만 아들러가 더 문제 삼은 것은 외동아이가 처한 심리적 불안이었네.

청 년 심리적 불안이요?

철학자 먼저 주위를 둘러보며 언젠가 내게도 동생이 태어나서 현재의 지위를 위협받는 것이 아닐까 하고 불안에 시달리네. 새로운 왕자, 새로운 공주의 탄생을 유난히 겁내며 살지. 더 주의해야 할 것은 부모가 지레 겁을 먹는 것이라네.

청 년 부모가 지레 겁을 먹는다고요?

철학자 그래. 외동아이를 둔 부모 중에는 "경제적으로 여유도 없고 돌봐줄 사람도 없어서 아이를 더 낳아 키울 여력이 없다"라고 하면서 더 이상 아이 갖는 것을 원하지 않는 사람도 있다네. 실제로 경제적 상황이 어떤지는 상관없이. 아들러에 따르면, 이런 부모는 대부분 인생에 대해 겁이 많고 비관적이라네. 집안 분위기도 불안하고, 단 한 명뿐인 자식에게 지나치다 싶을 정도로 중압감을 줘 아이가 괴로워하지. 특히 아들러가 살던 시대에는 자식을 여럿 낳는 것이 일반적이어서 이런 점이 더 강조되었다네.

청 년 ……부모들은, 아이를 오직 사랑하기만 해서는 안 되는 거로군요.

철학자 그래. 한없는 사랑은 쉽게 아이를 지배하는 도구로 변모하네. 모든 부모는 '자립'이라는 명확한 목표를 내걸고 아이들과 대등한 관계를 맺지 않으면 안 되네.

청 년 어떤 부모 아래서 태어나든 아이들은 '사랑받기 위한 생활양식'을 선택할 수밖에 없다.

철학자 그래. 자네는 부모님의 반대를 무릅쓰고 도서관 사서 일을 택하고, 지금은 교육자의 길을 택했네. 하지만 그것만으로 자립했다고 볼 수는 없어. 어쩌면 '다른 길'을 택함으로써 형제간의 경쟁에서 이기고, 부모의 눈길을 잡아끌려고 했는지도 모르지. '다른 길'에서 무언가를 성취함으로써 '나'라는 인간의 가치를 인정받으려 했는지도 모르고. 기존의 권력을 전복시키고 새로운 왕좌에 오르려 했는지도 모르네.

청 년 ……만약 그렇다면요?

철학자 자네는 인정욕구에 사로잡히게 되겠지. 어떻게 하면 남들로부터 사랑받을 수 있을까, 어떻게 하면 남들로부터 인정받을 수 있을까만을 생각하면서 살게 되겠지. 스스로 선택한 교육자의 길조차 어쩌면 '타인으로부터 인정받는 것'을 목적으로 한 '타인이 바라보는 나'의 인생일지도 모르네.

청 년 ……이 길이, 교육자로서의 이 삶이요?

철학자 어린 시절의 생활양식을 붙들고 있는 한 그 가능성을 무시할 수는 없네.

청 년 에이, 선생님이 뭘 아신다고요! 얌전히 듣고 있다고 남의 가족관계를 멋대로 왜곡하고 교사인 저까지 부정하려 드는 건가요!

철학자 취업했다고 해서 자립할 수 있는 것은 아니라네. 그건 확실하지. 우리는 크든 작든 부모의 사랑에 지배를 받으며 살고 있네. 부모의 사랑을 희구할 수밖에 없는 시기에 자기의 생활양식을 선택하지. 게다가 그 '사랑받는 생활양식'을 강화하면서 나이가 들고 어른이 되어가네. 받는 사랑의 지배에서 벗어나려면 먼저 나서서 사랑하는 수밖에 없어. 사랑하는 것. 사랑받기를 기다리지 말고, 운명을 기다리지도 말고, 나의 의사로 누군가를 사랑하는 것. 그것 외에는 방법이 없네.

인간은 '사랑하는 것'을 두려워한다

청 년 ……평소에는 뭐든지 '용기'의 문제로 환원시키는 선생님이, 이번에는 뭐든지 '사랑'으로 정리하려는 겁니까?

철학자 사랑과 용기는 밀접한 관계가 있네. 자네는 아직 사랑을 몰라. 사랑을 두려워하고, 사랑하기를 주저하고 있어. 그런 까닭에 어린 시절의 생활양식에 머물러 있지. 사랑에 뛰어들 용기가 모자라는 걸세.

청 년 사랑을 두려워한다고요……?

철학자 에리히 프롬은 말했네. "우리는 의식적으로 사랑받지 못하는 것을 두려워하지만, 사실은 무의식중에 사랑하는 것을 두려워한다"라고. 그리고 이어서 이렇게 말했지. "사랑한다는 것은 아무런 보증 없이 행동에 나서고, 이쪽이 사랑을 하면 사랑을 받는 상대의 마음에도 사랑이 싹트리라는 희망에 완전히 몸을 맡기는 것이다"라고. 예를 들면 상대의 호의를 무심코 눈치챈 순간, 그 사람이 신경 쓰이고 차츰 좋아지게 되네. 흔한 일 아닌가?

청 년 네, 그렇죠. 대부분의 연애가 그렇다고 해도 과언이 아닙니다.

철학자 이는 비록 이쪽의 착각이라 할지라도 어쨌든 '사랑받는다는 보증'이 확보된 상태라네. "그 사람은 나를 좋아하는 게 분명해", "내 호의를 거절하지는 않을 거야"라는 보장 같은 걸 느끼네. 이 보장을 바탕으로 더 깊이 사랑할 수 있지. 한편 프롬이 말하는 '사랑한다는 것'에는 이러한 보장이 전혀 없네. 상대가 이쪽을 어떻게 생각하든 관계없이, 그냥 사랑하는 것이라네. 사랑에 몸을 던지는 거지.

청 년 ……사랑에 보장을 바라서는 안 된다.

철학자 그래. 왜 인간이 사랑에 보장을 바라는지 알고 있나?

청 년 상처받고 싶지 않다, 비참한 기분을 느끼고 싶지 않다. 그런 거겠죠.

철학자 아니. 그게 아니라 '상처받을 게 빤해', '틀림없이 비참한 기분을 느낄 거야'라고 절반은 확신하기 때문일세.

청 년 뭐라고요?!

철학자 자네는 아직 자신을 사랑하지 않아. 존경하지도 신뢰하지도 않지. 그래서 사랑의 관계에서 '상처받을 게 빤해', '틀림없이 비참한 기분을 느낄 거야'라고 단정하는 거라네. 그런 자신을 사랑해주는 사람이 있을 리 없다면서.

청 년 ……하지만, 하지만 그게 사실이지 않습니까!

철학자 나는 잘난 데가 없는 인간이다. 그래서 누구와도 사랑의 관계를 맺을 수 없다. 보장 없는 사랑은 시작하고 싶지도 않다. ……이건 전형적인 열등 콤플렉스에서 기인한 발상이네. 과제를 해결하지 않는 핑계로 자신의 열등감을 들고 있으니까.

청 년 하, 하지만…….

철학자 과제를 분리하게. 사랑하는 것은 자네의 과제야. 상대가 그 사랑에 어떻게 반응할 것인가? 이는 타인의 과제라네. 자네가 제어할 수 없지. 자네가 할 수 있는 것은 과제를 분리하고, 자신이 먼저 사랑하는 것.

그것뿐일세.

청 년 ……아니, 한번 정리해보죠. 확실히 저는 나 자신을 사랑하지 않습니다. 열등감이 심하고, 그것이 급기야 열등 콤플렉스로 발전했어요. 구분해야 할 과제를 분리하지 못하고 있고요. 방금 한 논의를 객관적으로 따져보면 그렇게 되겠지요. 그렇다면 어떻게 해야 제 열등감을 없앨 수 있을까요? 결론은 하나예요. '이런 나'를 받아주고 사랑해주는 사람과 만나면 됩니다! 그렇지 않으면 나를 사랑하는 건 불가능하다고요!

철학자 즉 자네의 입장은 '네가 사랑해주면 나도 사랑한다'라는 거로군?

청 년 ……뭐, 간단하게 말하면 그렇죠.

철학자 결국 자네는 '이 사람은 나를 사랑해줄까?' 하는 것만 보고 있네. 상대를 보는 듯하지만 나만 보고 있는 거지. 그런 태도로 기다리는 자네를 누가 사랑해주겠나? ……만약 그런 자기중심적 욕구에 응해주는 사람이 있다면, 부모뿐이겠지. 부모의 사랑, 특히 어머니의 사랑에는 조건이 없으니까.

청 년 ……저를 어린애 취급하시는 겁니까!

철학자 알겠나, '황금시대'는 이미 끝났네. 그리고 세계는 자네의 어머니가 아니야. 자네는 자네가 남몰래 간직하고 있는 어린 시절의 생활양식을 직시하고 쇄신하지 않으면 안 되네. 사랑해줄 누군가가 나타나기만을 기다려서는 안 돼.

청 년 아, 또 제자리야!

운명의 상대란 없다

철학자 여기서 멈추면 안 되지. 한 발만 더 나가세. 오늘 맨 처음 교육에 관해 논의할 때 나는 '강요할 수 없는 두 가지'에 관해 설명했네.

청 년 ……존경과 사랑, 이죠.

철학자 그래. 어떤 독재자도 나를 존경하라고 강요할 수는 없다. 존경을 받으려면 이쪽이 먼저 존경하는 수밖에 없다. 그 결과, 상대가 어떤 태도로 나오든 내가 할 수 있는 것은 그것뿐이다. 그렇게 말했네.

청 년 그러면 사랑도 마찬가지란 말씀입니까?

철학자 그래. 사랑도 강요할 수는 없네.

청 년 하지만 선생님은 아직 중요한 질문에 답하지 않았습니다. 저도 누군가를 사랑하고 싶은 마음은 있습니다. 조금의 거짓도 없이, 있다고요. 사랑에 대한 두려움과는 별개로 사랑하기를 갈망하고 있지요. 그런데 왜 사랑에 선뜻 나서지 못하는 걸까요? ……'사랑할 사람'을 만나지 못했기 때문입니다! 운명적인 상대를 만나지 못했기 때문에 사랑을 이루지 못하고 있는 거라고요! 연애에 있어 최대의 난국은 '만남'이니까요!

철학자 진실한 사랑은 운명적 만남에서 시작된다?

청 년 당연하죠. 제 인생을 바치고 인생의 '주어'까지 바꿀 수 있는 사람이니까요. 그저 그런 상대에게 제 모든 것을 바치는 시늉을 할 수는 없어요!

철학자 그러면 어떤 사람을 '운명의 사람'이라고 하는 걸까? 다시 말해, 어떻게 해야 운명을 알 수 있는 거지?

청 년 모릅니다. ……분명 '그때'가 오면 알게 되겠죠. 제게는 미지의 영역이에요.

철학자 과연. 그러면 먼저 아들러의 기본 입장을 알려주지. 아들러는 연애든 인생 전반이든 '운명의 상대'를 전혀 인정하지 않는다네.

청 년 우리에게 '운명의 상대'는 없단 건가요?

철학자 없네.

청 년 ……잠깐만요, 그건 도저히 흘려들을 수 없는 이야기인데요!

철학자 왜 많은 사람이 '운명의 상대'를 찾는 것일까? 왜 결혼 상대에게 낭만적인 환상을 품는 거지? 그 이유에 대해 아들러는 "모든 후보자를 배제하기 위해서"라고 말했네.

청 년 후보자를 배제한다고요?

철학자 자네처럼 "만날 사람이 없다"라고 한탄하는 사람도, 실은 날마다 누군가와 만나고 있네. 특별한 사정이 아니고서야, 요 1년 사이에 그 누구와도 만나지 않았다고 할 수 있는 사람이 얼마나 되겠나. ……자네도 많은 사람을 만났을 텐데?

청 년 같은 자리에 공교롭게도 함께 있었다, 하는 정도도 포함된다고 하면요.

철학자 하지만 그 의미 없는 '만남'을 특별한 '관계'로 발전시키려면 어느 정도 용기가 필요하네. 말을 걸든 편지를 보내든.

청 년 네, 그렇고말고요. 어느 정도가 아니라 상당한 용기가 필요합니다.

철학자 그런데 '관계'를 맺을 용기가 없는 사람은 어떻게 할까? '운명의 사람'이라는 환상에 매달린다네. …… 지금 자네가 그러는 것처럼. 눈앞에 사랑할 누군가가 있음에도 이런저런 이유를 대며 "이 사람은 안 돼"라고 거부하고 "더 이상적이고 더 완벽하고 더 운명적인 상대가 있을 거야"라고 시선을 떨구지. 그 이상의 관계에 발을 들이려 하지 않고 모든 후보자를 나의 손으로 제외하는 거라네.

청 년 ……아, 아니.

철학자 그렇게 지나치다 싶을, 있지도 않은 이상형을 들먹이면서 살아 있는 인간과 관계 맺는 걸 회피하네. 그것이 "만날 사람이 없다"라고 한탄하는 사람의 정체라고 생각하게.

청 년 제가 '관계'에서 도망치고 있다는……?

철학자 그리고 가능성 속에 살고 있지. 행복은 저편에서 찾아오는 것이라고 생각하면서. "지금은 아직 행복이 오지 않았지만, 운명의 사람과 만나기만 하면 모든 일이 잘될 거야"라고.

청 년 ……아, 짜증나! 뭐 이런 통찰이 다 있어!

철학자 확실히 들어서 기분 좋아지는 이야기는 아니겠지. 하지만 '운명의 상대'를 찾는 '목적'을 생각하면 논의는 그렇게 귀결된다네.

사랑이란 '결단'이다

청 년 그럼 묻죠. 가령 '운명의 사람'이 존재하지 않는다면, 우리는 무엇을 보고 결혼을 결심해야 하죠? 결혼이란 이 드넓은 세계에 단 하나밖에 없는 '이 사람'을 선택하는 일이잖아요? 설마 외모나 재력, 지위 등의 '조건'을 보고 선택하라는 건 아니겠죠?

철학자 결혼이란 '대상'을 선택하는 것이 아닐세. 자신의 삶의 방식을 선택하는 거지.

청 년 삶의 방식을 선택한다? 그러면 그 '대상'이 누구라도 상관없다는 겁니까?

철학자 궁극적으로는 그렇지.

청 년 자, 장난하지 마세요! 그런 논의를 누가 인정한답니까! 철회하세요, 지금 당장 철회하시라고요!!

철학자 반발이 많을 수 있는 논의라는 건 인정하네. 하지만 우리는 어떤 사람도 사랑할 수 있다네.

청 년 농담 마세요! 그러면 선생님은, 이 근처를 지나가는 어디의 누군지도 모르는 여자를 붙잡고, 그 여자와 사랑하고 결혼할 수 있습니까?

철학자 내가 그렇게 하기로 결심했다면.

청 년 결심이요?!

철학자 물론 누군가와 만나서 '운명'을 느끼고, 그 운명에 따라 결혼을 결심했다고 말하는 사람이 많네. 하지만 그것은 이미 정해진 운명이 아니라 '운명이라고 믿기'로 결심한 것뿐이라네. 에리히 프롬은 이렇게 말했네. "누군가를 사랑한다는 것은 단순히 강렬한 감정이 아니다. 그것은 결심이고 결단이고 약속이다." 만남의 형태는 아무래도 좋네. 진정한 사랑을 맺기로 결심하고, '두 사람이 달성하는 과제'와 마주할 수 있다면 어떤 상대와도 사랑할 수 있어.

청 년 아십니까? 선생님은 지금 자신의 결혼에 대해 제가 뭐라고 할까 봐 미리 선수를 치고 있어요! 내 아내는 운명의 사람이 아니다, 상대는 누구라도 좋았을 것이다! 가족 앞에서도 그렇게 말할 수 있습니까? 만약 그렇다면 선생님은 구제할 길 없는 허무주의자

(nihilist)예요!

철학자 허무주의가 아니라 현실주의(realism)라네. 아들러 심리학은 모든 결정론을 부정하고 운명론을 거부하네. 우리에게 '운명의 사람'은 없거니와 그런 사람이 나타나는 것을 기다려서도 안 되네. 기다리기만 해서는 아무것도 변하지 않아. 이 원칙을 양보할 생각은 없네. 하지만 배우자와 함께 걸어온 긴 세월을 돌아봤을 때, 거기에서 '운명적인 무언가'를 느낄 수는 있겠지. 그런 경우에 운명이란 사전에 정해진 것이 아니네. 우연히 일어난 것도 아니고. 두 사람의 노력으로 쌓아올린 것이겠지.

청 년 ……무슨 뜻입니까?

철학자 이미 눈치챘을 거야. ……운명이란 자신의 손으로 만들어가는 것임을.

청 년 ……!!

철학자 우리는 운명의 노예가 되어서는 안 되네. 운명의 주인이어야 하지. 운명의 상대를 찾는 것이 아니라 운명이라고 할 수 있는 관계를 만들어가야 하네.

청 년 구체적으로 어떻게요?

철학자 춤을 추는 걸세. 알 수도 없는 미래의 일일랑 생각하지 말고, 존재하지도 않는 운명일랑 생각하지 말고, 오로지 눈앞에 있는 짝과 '지금'을 춤추는 거지. 아들러는 춤을 '두 사람이 함께 참가하는 놀이'라고 해서 아이들에게도 널리 권장했네. 사랑과 결혼은 바로 둘이서 추는 춤과 같은 거라네. 어디로 갈지 생각하지 말고, 서로 손을 잡고 오늘이라는 날에 행복을 느끼며, 지금이라는 순간만을 직시하고, 빙글빙글 쉬지 않고 춤을 추는 걸세. 두 사람이 오래 춤을 추며 그려낸 궤적을 사람들은 '운명'이라 부르겠지.

청 년　사랑과 결혼은 두 사람이 추는 춤이다…….

철학자　자네는 지금 인생이라는 무도회장의 벽 앞에 서서, 그저 춤추는 사람들을 보고만 있네. "이런 나와 춤을 출 사람이 있을 리 없어"라고 단정 짓고, 마음속 어딘가에서 '운명의 상대'가 손을 내밀어주기를 애타게 기다리고 있지. 더 이상 비참한 기분을 느끼지 않도록, 나를 싫어하지 않도록, 이를 악물고 있는 힘을 다해 자신을 보호하면서. ……그렇다면 해야 할 일은 하나겠지. 곁에 있는 사람의 손을 잡고 온 힘을 다해 춤을 추게. 운명은 거기서부터 시작된다네.

생활양식을 다시 선택하라

청 년 무도회장 벽 앞에서 보고만 있는 남자라……. 후후, 여전히 잔인하시군요. ……하지만 저도요, 춤을 추려고 했고, 당연하게 실제로 춤을 춘 적도 있어요. 즉 연인이라 부를 수 있는 상대를 만난 적이 있다고요.

철학자 그래. 그럴 테지.

청 년 하지만 그 관계가 결혼으로 이어지지는 않았어요. 저도 그녀도 서로를 사랑해서 사귄 게 아니라 그저 '남자친구' 또는 '여자친구'라 부를 수 있는 상대가 필요했을 뿐이니까요. 언젠가 끝날 관계라는 걸 두 사람 모두 익히 알고 있었죠. 미래에 대해, 하물며 결혼을 화제에 올린 적은 한 번도 없었습니다. 그야말로 찰나적(순간적) 관계죠.

철학자 인생의 젊은 날에는 그런 관계도 있는 법이지.

청 년 게다가 저는 그녀를 처음부터 타협의 대상으로 보았습니다. "이런저런 불만이 있긴 해도 분에 넘치는 사람을 바랄 처지가 아니다. 내게는 이 정도 상대가 분수에 맞다." 틀림없이 그녀도 저를 이런 식으로 선택했을 거예요. 뭐, 지금 생각하면 정말 창피한 발상이지요. 비록 분에 넘치는 상대를 바랄 수 없는 것이 현실이라고 해도.

철학자 그런 기분과 마주하다니 훌륭하네.

청 년 그래서 꼭 듣고 싶습니다. 대체 선생님은 무엇을 보고 결혼을 결심하라는 겁니까? '운명의 상대'도 존재하지 않고, 앞으로 두 사람이 어떻게 될지도 몰라요. 더 멋진 다른 누군가와 만날 가능성도 충분합니다. 결혼하게 되면 그 가능성도 사라지고요. 그런데 우리는, 아니 선생님은 어떻게 단 하나뿐인 '이 사람'과 결혼을 결심할 수 있었던 거죠?

철학자 행복해지고 싶었네.

청 년 네?

철학자 이 사람을 사랑하면 내가 더 행복해지겠다. 그렇게 생각했네. 지금 생각해보면, 그건 '나의 행복'을 뛰어넘어 '우리의 행복'을 바라는 마음이었던 것 같군. 하지만 그때의 나는 아들러를 몰랐고, 사랑과 결혼도 논리적으로 생각하지 않았지. 그저 행복해지고 싶었네. 그뿐이야.

청 년 저도 그래요! 인간은 모두 행복해지길 바라고 교제를 시작합니다. 하지만 그것과 결혼은 별개라고요!

철학자 ……자네의 바람은 '행복해지고 싶다'가 아니라 그보다 간편한 '편해지고 싶다'인 게 아닐까?

청 년 ……뭐요?

철학자 사랑의 관계를 맺었다고 해서 그 앞에 즐거운 일만 기다리고 있는 것은 아닐세. 받아들여야 할 책임도 크고, 괴로운 일과 예기치 못한 고난도 있겠지. 그래도 여전히 사랑할 수 있을까? 어떤 고난이 닥쳐도 이 사람을 사랑하고 함께 걸어가겠다는 결심을 할 수 있을까? 그 마음을 약속할 수 있을까?

청 년 사랑의…… 책임이란 건가요?

철학자 예를 들어 "꽃을 좋아한다"고 말하면서 이내 말려 죽이는 사람이 있네. 물을 주는 것도 잊고, 화분도 잘 갈아주지 않고, 볕이 잘 드는 곳에 놓아두려고 하지도 않아. 오직 집 안을 꾸미기 위해 화분을 두는 거지. 그 사람이 꽃 보기를 좋아하는 것은 사실일 거야. 하지만 '꽃을 사랑한다'고는 할 수 없어. 사랑은 더 헌신적인 작용이라네. 자네도 마찬가지야. 자네는 사랑하는 사람이 져야 할 책임을 회피했네. 연애의 과실만을 탐하고, 꽃에 물 주는 것도 잊고 씨도 뿌리지 않았지. 그것이야말로 찰나적인, 향락적인 사랑이라네.

청 년 ……압니다! 저는 그녀를 사랑하지 않았어요! 그녀의 호의를 제 편할 대로 이용한 것뿐이었죠.

철학자 사랑하지 않은 것은 아니네. '사랑한다'는 것을 몰랐던 걸세. 만약 알았더라면 자네는 그 여성과 운명의 관계를 맺을 수도 있었겠지.

청 년 그녀와? 제가 그녀하고요?!

철학자 에리히 프롬은 말했네. "사랑이란 신념의 행위이며, 신념이 없는 사람에게는 사랑도 없다"라고. ……아들러라면 이 '신념'을 '용기'라고 바꿔 말했겠지. 자네는 용기가 없었네. 그래서 사랑에 주저한 것이고. 사랑할 용기가 없어서 어린 시절에 형성한 사랑받는 생활양식에 머물러 있던 거야. 그뿐일세.

청 년 사랑할 용기가 있었더라면, 저는 그녀와…….

철학자 ……그래. 사랑할 용기, 다름 아닌 '행복해질 용기'라네.

청 년 그때 '행복해질 용기'를 갖고 있었더라면, 저는 그녀를 사랑하고 '두 사람이 달성하는 과제'를 마주할 수 있었다는 건가요?

철학자 그리고 자립을 했겠지.

청 년 ……아니, 아니, 모르겠어요! 그러니까 사랑, 사랑뿐인가요? 우리가 행복을 얻기 위해서는 진정 사랑밖에는 방법이 없는 겁니까?

철학자 사랑밖에 없네. '편하고 싶다', '편해지고 싶다'라는 생각으로 사는 사람은 잠깐의 쾌락은 얻을 수 있을지 몰라도 진정한 행복은 얻을 수 없네. 우리는 타인을 사랑할 때만 자기중심성에서 해방될 수 있지. 오직 타인을 사랑할 때만 자립할 수 있다네. 그리고 타인을 사랑할 때만 공동체 감각에 도달하네.

청 년 하지만 행복이란 공헌감이며, "공헌감이 있으면 행복을 얻을 수 있다"라고 3년 전에 말씀하셨잖습니까! 그 말은 거짓이었나요?

철학자 거짓말은 아니네. 문제는 공헌감을 얻기 위한 방법, 혹은 삶의 방식이라네. 본래 인간은 그냥 그 자리에 있는 것만으로도 누군가에게 공헌할 수 있어. 눈에 보이는 '행위'가 아니라 그 '존재'를 통해서 이미 공헌하고 있지. 어떤 특별한 행동을 할 필요 없이.

청 년 거짓말! 그런 거 한 번도 실감한 적 없어요!

철학자 그건 자네가 '나'를 주어로 살고 있기 때문일세. 사랑을 알고 '우리'를 주어로 살면 달라질 걸세. 산다는 것, 단지 그것만으로도 인류는 서로 공헌할 수 있고, 인류 전체를 포괄한 '우리'를 실감할 수 있지.

청 년　……연인, 배우자뿐 아니라 인류 전체를 포괄한 '우리'를 실감할 수 있다고요?

철학자　그것이 공동체 감각일세. ……자, 나는 이 이상 자네의 과제에 개입할 수 없다네. 하지만 만약 자네가 조언을 구한다면 이렇게 말하겠네. "사랑하고 자립하고 인생을 선택하라."

청 년　사랑하고 자립하고 인생을 선택하라!

철학자　……보게나. 동쪽 하늘이 조금씩 밝아오기 시작하는군.

청년은 지금 아들러가 말하는 사랑을 온몸으로 이해했다. 만약 우리에게 '행복해질 용기'가 있다면, 나는 누군가를 사랑함으로써 인생을 다시 선택하게 되리라. 진정한 자립을 이루게 되리라. 눈앞을 가리던 자욱한 안개가 한순간에 걷혔다. 하지만 청년은 미처 몰랐다. 안개가 사라진 저 앞에 기다리고 있는 것은 아름다운 초원이 펼쳐진 낙원이 아님을. 사랑하고 자립하고 인생을 선택한다. 그것이 얼마나 고된 길인지를.

단순하게 산다는 것

청 년 ……이런 결론이라니.

철학자 이쯤에서 끝내지. 그리고 오늘 밤 만남을 마지막으로 하세.

청 년 네?

철학자 이 서재는 자네처럼 젊은 사람이 자주 올 곳이 못 되네. 무엇보다 자네는 교사야. 자네가 있어야 할 장소는 교실이고, 자네가 이야기를 나눠야 할 친구는 앞으로 살아갈 아이들일세.

청 년 하지만 아직 의문이 해결되지 않았습니다! 여기서 끝내면 저는 반드시 길에서 헤맬 거예요. 왜냐하면 아직 아들러의 계단에 도달하지 못했으니까요!

철학자 ……확실히 계단에 오르지는 않았지. 하지만 첫 번째 계단에 발을 올리는 데까지는 이르렀네. 3년 전에 나는 말했어. "세계는 단순하고 인생 또한 그러하다"라고. 그리고 논의를 여기까지 마친 지금, 한마디만 더 덧붙이겠네.

청 년 뭔데요?

철학자 세계는 단순하고 인생 또한 그러하다. 하지만 "계속 단순하기란 어려운 일이다"라고. '아무 일도 일어나지 않는 하루하루'가 시련이기 때문이지.

청 년 아……!

철학자 아들러를 알고, 아들러에 동의하고, 아들러를 받아들이는 것만으로 인생은 달라지지 않아. 흔히 우리는 '처음 한 걸음'이 중요하다고 하네. 그것만 넘기면 괜찮다고. 물론 최대의 터닝 포인트는 그 '처음 한 걸음'이 되겠지. 하지만 실제로 인생은, 아무 일도 일어나지 않는 하루하루라는 시련은 '처음 한 걸음'을 내디딘 이후부터 시작되네. 진정 시험대에 오르는 것은 계속 걸어갈 수 있는 용기가 있는가 하는 점이라네. 마치 철학이 그러한 것처럼.

청 년 바로 그 하루하루가 시련이라고요?!

철학자 앞으로 자네는 끊임없이 아들러와 충돌하겠지. 의심을 품고 걸음을 멈출지도 몰라. 사랑하는 것에 지쳐서 사랑받는 인생을 갈구하고 싶어질지도 모르고. 다시 이 서재를 방문하게 될지도 모르지. 하지만 그럴 때는 아이들과, 새로운 시대를 사는 친구들과 이야기를 나누게. 그리고 가능하다면 아들러의 사상을 그대로 계승하지 말고, 자네 손으로 갱신하게.

청 년 우리가 아들러를 갱신한다고요?

철학자 아들러는 자신의 심리학이 교과서처럼 고정되고 전문가 사이에서만 전해지기를 원치 않았네. 아들러는 자신의 심리학을 '모든 사람의 심리학'이라고 정의하고, 아카데미즘(academism)에서 벗어나 사람들의 상식(공통감각)이 되기를 원했지. 아들러는 우리와 같은 땅 위에 존재하는 한 사람의 철학자라네. ……시간은 흐르네. 새로운 기술이 탄생하고, 새로운 관계가 탄생하고, 새로운 고민이 탄생하지. 사람들의 상식은 시대에 맞게 천천히 변하고 있네. 우리가 아들러의 사상을 의미 있게 여긴다면 그 사상을 갱신하지 않으면 안 되네. 원리주의자가 되어서는 안 된단 말일세. 그것이 새로운 시대를 사는 인간의 사명일세.

새로운 시대를 만들어갈 친구들에게

청 년 ……선생님은, 선생님은 앞으로 어떻게 하실 작정입니까?

철학자 또 바람결에 소문을 들은 젊은이가 찾아오겠지. 아무리 시대가 달라져도 인간의 고민은 변하지 않을 테니까. ……기억하게. 우리에게 주어진 시간은 유한하다는 것을. 그리고 시간이 유한한 이상 모든 인간관계는 '이별'을 전제로 성립될 수밖에 없다는 것을. 허무주의에 입각해서 하는 말이 아니라 현실적으로 우리는 헤어지기 위해서 만나는 거라네.

청 년 ……네, 그렇죠.

철학자 그렇다면 우리가 할 수 있는 일은 하나겠지. 모든 만남과 모든 인간관계에 있어서 오직 '최선의 이별'을 하기 위해 끊임없이 노력하는 것. 그것뿐이네.

청 년 최선의 이별을 위한 끊임없는 노력이요?!

철학자 언젠가 헤어지는 날이 왔을 때 "이 사람과 만나서 함께 보낸 시간이 헛되지 않았다"라고 납득할 수 있도록 끊임없이 노력하는 걸세. 학생들과의 관계에서도, 부모와의 관계에서도 그리고 사랑하는 사람과의 관계에서도. 예를 들어 지금 당장 부모와의 관계가 끊어진다면, 학생들과의 관계 및 친구들과의 관계가 끊어진다면, 자네는 그것을 '최선의 이별'로 받아들일 수 있을까?

청 년 아, 아니요. 그건…….

철학자 그러면 앞으로는 그런 생각이 드는 관계를 맺는 수밖에 없네. '지금, 여기를 진지하게 산다'는 건 그런 의미일세.

청 년 늦지 않았을까요? 이제부터 시작해도 괜찮을까요?

철학자 늦지 않았네.

청 년 하지만 아들러의 사상을 실천하려면 시간이 필요합니다. 선생님도 말씀하셨잖습니까? "지금까지 살아온 인생의 절반이 필요하다"라고.

철학자 그래. 단 그건 아들러 연구자의 견해일세. 아들러 자신은 전혀 다르게 말했지.

청 년 어떻게요?

철학자 "인간이 바뀌는데 기한이 있을까요?"라고 누군가 아들러에게 묻자, 아들러는 "분명 기한이 있습니다"라고 대답했네. 그리고 짓궂은 미소를 지으며 이렇게 덧붙였지. "숨을 거두는 전날까지랍니다."

청 년 ……하하! 재미있는 양반이네!

철학자 사랑을 시작하게. 그리고 사랑하는 사람과 '최선의 이별'을 하도록 끊임없이 노력하게. 기한 따위는 신경 쓰지 말고.

청 년 제가 할 수 있을까요? 그런 끊임없는 노력을?

철학자 물론이지. 우리는 3년 전에 만난 이후로 줄곧 그 노력을 해왔어. 그리고 지금 이렇게 '최선의 이별'을 맞이하고 있지. 우리가 보낸 시간에 한 점 후회라도 있나?

청 년 아니, 아니요! 전혀 없습니다.

철학자 이렇게 아무런 미련도 없이 후련한 마음으로 헤어지게 되어 나는 정말로 뿌듯하네. 자네는 내게 가장 좋은 친구야. 고마우이.

청 년 물론 저도 고맙습니다. 그렇게 말씀해주셔서 고마워요, 진심으로. 하지만 제가 그런 말을 들을 가치가 있는 사람인지 자신은 없습니다. 정말로 여기서 영원히 이별해야 하는 겁니까? 이제 두 번 다시 만날 수 없는 건가요?

철학자 그것이 지혜를 사랑하는 자로서, 다시 말해 철학자로서 자네가 자립하는 거라네. 3년 전 내가 말했지? 답은 남에게서 얻는 것이 아니라 스스로 구하는 것이라고. 자네는 이제 준비가 됐어.

청 년 선생님으로부터의 자립…….

철학자 이번에 나는 한 가지 큰 희망을 얻었네. 자네의 학생들이 학교를 졸업하고, 시간이 흘러 누군가를 사랑하고 자립하고 진정한 어른이 된다. 그런 학생들이 몇십, 몇백 명으로 늘어났을 때 어쩌면 시대는 아들러를 따라잡을지도 모른다고.

청 년 ……바로 3년 전, 제가 교육자의 길을 지망한 목표가 그거였어요!

철학자 미래를 만드는 것은 자네일세. 망설일 필요 없어. 미래가 보이지 않는다, 그것은 미래에 무한한 가능성이 있다는 증표일세. 미래가 보이지 않기에 우리는 운명의 주인이 될 수 있네.

청 년 네, 보이지 않아요, 전혀! 시원할 정도로 아무것도 안 보여요!

철학자 나는 지금까지 한 번도 제자를 둔 적이 없고, 자네가 내 제자라는 인식이 생기지 않도록 세심한 주의를 기울이며 자네를 대했네. 하지만 필요한 말을 다 전한 지금 겨우 알 것 같군.

청 년 무엇을요?

철학자 내가 원한 것은 제자도 후계자도 아니고, 곁에서 함께 달릴 사람이었다는 것을. 자네는 같은 이상을 가진 더없이 소중한 친구로, 앞으로도 나와 함께 달리며 용기를 북돋아주겠지. 앞으로 어디에 있든 나는 자네가 늘 곁에 있다고 느낄 걸세.

청 년 ……선생님! 달릴게요, 함께 달리겠습니다. 언제까지나!

철학자 자, 이제 고개를 들고 교실로 돌아가게. 학생들이 기다리고 있어. 새로운 시대가, 자네들의 시대가 기다리고 있네.

바깥세상과 격리된 철학자의 서재. 이 문에서 한 발짝만 나가도 혼돈이 기다리고 있다. 잡음이, 압력이, 끊임없이 반복되는 일상이 기다리고 있다. "세계는 단순하고 인생 또한 그러하다." "하지만 계속 단순하기란 어려운 일이고, 그러한 곳에서는 하루하루가 시련이 된다." 진정 맞는 말이다. 그래도 나는 다시 이 혼돈에 몸을 던지리라. 내 친구는, 우리 학생들은 엄청난 혼돈 속에서 살아가고 있으니까. 내가 살아갈 곳은 거기니까. ……청년은 크게 숨을 들이 마신 후 마음을 단단히 먹고 현실의 문을 열었다.

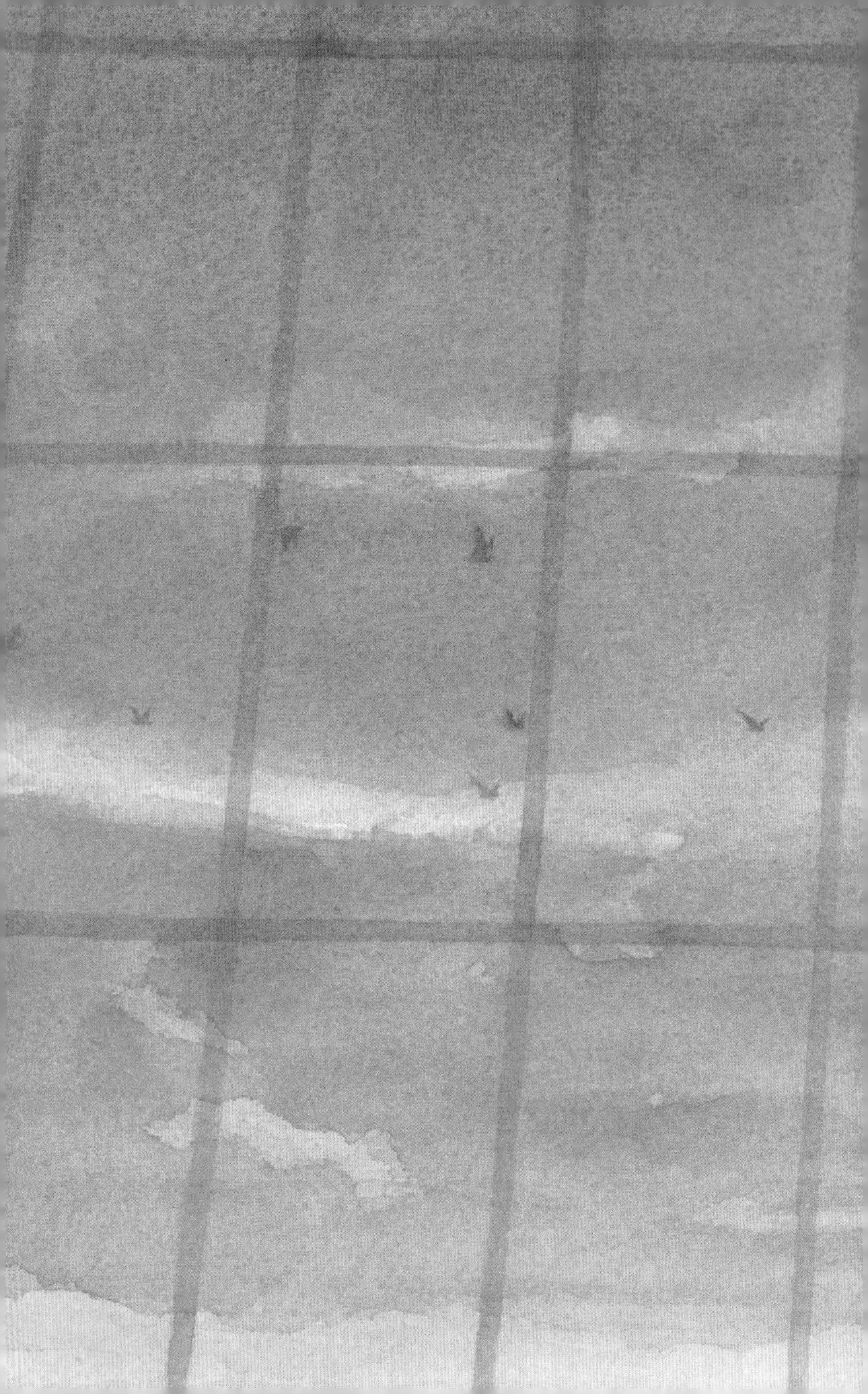

고가 후미타케(古賀史健)

이 책은 2013년에 출간된(한국어판은 2014년 출간), 기시미 선생님과 함께 집필한 《미움받을 용기》의 속편입니다. 원래 속편을 쓸 예정은 없었습니다. 심리학자 알프레드 아들러. 그에 대한 모든 것을 쓰지는 못했지만 그의 사상 중 핵심적인 부분을 뽑아내서 정리하는 데는 성공한 것 같다. 《미움받을 용기》를 내고 그런 반응을 느꼈기에 굳이 완결된 책의 속편을 써야 할 의의를 찾지 못했습니다.

그런데 《미움받을 용기》를 출간하고 나서 1년쯤 지난 어느 날, 기시미 선생님과 한담을 나누는 도중 이런 말을 들었습니다.

"만약 소크라테스와 플라톤이 지금 살았더라면 철학자가

아니라 정신과 의사가 되었을지도 몰라요."

소크라테스와 플라톤이 정신과 의사가 된다고? 그리스철학이 임상 현장에 쓰인다고? 놀란 나머지 잠시 말을 잇지 못했습니다.

기시미 선생님은 일본에서는 아들러 심리학의 1인자이자, 플라톤의 저작을 번역할 만큼 고대 그리스철학에 정통한 철학자입니다. 당연히 그리스철학을 가볍게 여기고 한 발언은 아닐 겁니다. 어쨌든 그것이 계기가 되었습니다. 이 책《미움받을 용기 2(幸せになる勇気)》가 탄생한 계기를 하나만 꼽으라면 기시미 선생님의 저 한마디를 들 수 있겠습니다.

아들러 심리학은 어려운 전문용어를 전혀 쓰지 않고, 누구나 이해할 수 있는 쉬운 말로 인생의 모든 문제를 설명합니다. 심리학이라기보다는 오히려 철학과 닮은 모습과 울림을 갖고 있는 사상입니다. 아마《미움받을 용기》도 심리학서라기보다는 하나의 인생철학으로 받아들여진 것이 아닐까 생각합니다.

하지만 한편으로 이 철학적 모습과 울림은 심리학으로서는 불완전하고 과학으로서는 부족하다는 뜻은 아닐까, 그래서 아들러는 '잊힌 거인'이 된 것은 아닐까, 심리학으로서 아직 완성되지 못한 까닭에 학문(아카데미즘)의 세계에 정착

하지 못한 것은 아닐까? 이런 의심이 들었고, 이러한 의심을 떨쳐내지 못한 채 아들러를 접했습니다.

이러한 제 의문에 한 줄기 빛을 내려준 사람이 바로 기시미 선생님이었습니다. 기시미 선생님은 이렇게 말씀하셨습니다.

"아들러는 인간의 마음을 분석하기 위해 심리학을 선택한 것이 아닙니다. 남동생의 죽음을 계기로 의학자의 길을 걷기로 한 그에게 중심 과제는 늘 '인간에게 행복이란 무엇인가'였습니다. 그리고 아들러가 살았던 20세기 초, 인간을 알고 행복의 정체를 묻는 가장 선진적인 수법이 우연히도 아들러 심리학이었을 뿐입니다. 아들러 심리학이라는 이름에 시선을 빼앗기고, 프로이트와 융과 비교하는 데 시간을 보내서는 안 됩니다. 아들러가 고대 그리스에서 태어났더라면 철학을 했을 것이고, 소크라테스와 플라톤이 현대에 태어났더라면 심리학을 했을지도 모릅니다."

기시미 선생님이 늘 말씀하신 "아들러 심리학은 그리스철학과 동일 선상에 있는 사상이다"라는 말의 의미를 그제야 겨우 이해할 수 있었습니다. 그래서 아들러의 저작들을 '철학서'로 다시 읽고 난 후 다시 교토에 있는 기시미 선생님 댁을 찾아가 긴 대화를 나눴습니다. 주제는 당연히 '행복론'

이었습니다. 아들러가 일관되게 의문을 가졌던 '인간에게 행복이란 무엇인가'에 대해서요.

지난번 이상으로 열띤 대화는 교육론, 조직론, 직업론, 사회론 그리고 인생론을 거쳐 최종적으로 '사랑'과 '자립'이라는 핵심 주제에 도달했습니다. 아들러가 말하는 사랑과 자립을 독자 여러분이 어떻게 받아들일지 무척이나 궁금합니다. 제가 그랬던 것처럼 인생이 흔들릴 정도의 놀라움과 희망을 느낄 수 있다면 그보다 기쁜 일은 없을 겁니다.

마지막으로 지혜를 사랑하는 철학자로서 늘 정면으로 제 말을 진지하게 받아주시는 기시미 이치로 선생님, 집필 기간 동안 지치지 않고 뒤에서 응원해주신 편집자 카키우치 요시후미(柿内芳文) 씨와 다이아몬드사의 이마이즈미 겐지(今泉憲志) 씨에게 감사의 말을 전하며, 무엇보다 독자 여러분께 진심으로 감사드립니다. 정말 고맙습니다.

기시미 이치로(岸見一郎)

시대를 100년 앞서갔던 사상가 알프레드 아들러.

2013년에 《미움받을 용기》를 출간한 이후로 아들러를 둘러싼 논의는 크게 달라졌습니다. 예를 들어 강연이나 대학 강의에서 아들러에 대해 설명할 때, 이전이라면 "100년 전에 아들러라는 사상가가 있었습니다"라며 아들러를 소개하는 것부터 해야 했습니다. 하지만 이제는 어디를 가도 그런 이야기를 할 필요가 없습니다. 질의응답 시간에 나오는 질문도 온통 본질을 꿰뚫는 날카로운 것들입니다. 이제는 많은 분들 마음속에 '아들러가 있다'는 것을 깊이 실감합니다.

51주 연속 1위(교보문고 기준)라는, 사상 최장기간 베스트셀러가 된 한국에서도 이런 점을 느꼈습니다. 서구에서는 널리 알려진 아들러의 사상이 100년이라는 시간을 뛰어넘어 아시아에서도 사랑받는 모습을 보고 있노라니, 오랜 세월 아들러를 연구해온 사람으로서 감개가 무량합니다.

전작《미움받을 용기》는 아들러 심리학의 존재를 알리고 아들러 사상을 개관하기 위한, 말하자면 '지도'와 같은 책이었습니다. 공저자인 고가 후미타케 씨와 '아들러 심리학 입문서의 결정판'을 목표로 수년 동안 정리해서 완성한 커다란 지도이지요. 반면《미움받을 용기 2》는 아들러의 사상을 실천하고 행복에 이르는 길을 걷도록 알려주는 '나침반'과 같은 책입니다. 전작에서 제시한 목표를 향해 어떻게 나아가야 할지를 알려주는 행동 지침이라고 할 수 있습니다.

전부터 아들러는 오해받기 쉬운 사상가였습니다. 특히 그 '용기 부여'라는 접근 방식은 양육하는 데 있어, 학교 교육에 있어, 또 기업 등의 인재 육성 현장에서 '타인을 지배하고 조종한다'는 식의, 아들러의 본의와는 완전히 다른 의도로 소개되는 등 악용 사례가 끊이지 않았습니다. 어쩌면 이것은 아들러가 다른 심리학자에 비해 '교육'에 열심이었던 것과 관계가 있을지도 모릅니다.

학창 시절, 사회주의에 관심이 많았던 아들러는 제1차 세계대전 이후에 러시아혁명의 현실을 목격하고 마르크스주의에 실망합니다. 그리고 정치 개혁이 아닌 교육 개혁을 통해서 인류를 구하기로 방향을 선회합니다. 특히 오스트리아 빈에 진정서를 넣어, 공립학교에 세계 최초라고 할 수 있는 아동상담소를 다수 설립한 것은 아들러의 큰 공적입니다. 아들러는 이 상담소를 아이와 부모를 치료하는 것뿐 아니라 교사와 의사, 카운슬러들의 훈련의 장으로도 활용했습니다. 말하자면 아들러 심리학은 학교를 기점으로 하여 널리 뻗어나간 셈입니다.

아들러에게 교육이란 학력을 향상시키거나 문제아를 교정시키는 등의 차원이 아닙니다. 인류를 전진시키고 미래를 바꾸는 것. 그것이 아들러가 생각하는 교육이었습니다.

"교사는 아이들의 마음을 형성하고, 인류의 미래는 교사의 손에 달려 있다."

아들러는 이렇게 단언할 정도였습니다. 그렇다고 아들러는 교육자들에게만 기대했을까요?

아닙니다. 그가 카운슬링을 '재교육'이라고 정의한 것만 봐도 알 수 있듯이, 아들러는 공동체에 사는 모든 사람이 교육할 수 있고 또 교육받을 수 있다고 보았습니다. 실제로 육아를 통해 아들러를 접한 저도 아이들로부터 많은 '인간 본성에 대한 지식'을 배웠습니다. 여러분도 한 사람의 교육자이자 학생이라고 할 수 있습니다.

아들러는 본인의 심리학에 대해 "인간을 이해하는 것은 쉽지 않다. 개인심리학은 아마 모든 심리학 중에서 배우고 실천하기가 가장 어려울 것이다"라고 말했습니다. 아들러를 배우기만 해서는 아무것도 변하지 않습니다. 지식만 알아서는 한 발짝도 앞으로 나아가지 못합니다. 겨우 용기를 내어 한 발 내디뎠다고 해도 거기서 걸음을 멈추면 안 됩니다. 다음 한 발을 내디디고, 또 다른 한 발을 내디디고, 그렇게 한 발 한 발 쉬지 않고 내디뎌야 합니다. 그래야 우리는 걸을 수 있고, 그 걸음을 멈추지 않을 수 있습니다.

지도를 읽고 나침반을 손에 든 여러분이 앞으로 어떤 길을 걷게 될까요? 이 책이 '행복해질 용기'를 내는 데 조금이라도 도움이 될 수 있다면 더 바랄 게 없습니다.

옮긴이 | **전경아** 중앙대학교를 졸업하고 일본 요코하마 외국어학원 일본어학과를 수료했다. 현재 출판 번역 에이전시 베네트랜스에서 번역가로 활발히 활동 중이다. 옮긴 책으로 《미움받을 용기》《지속가능형 인간》《지도로 보는 세계민족의 역사》《협상 심리학》《간단 명쾌한 발달 심리학》《비기너 심리학》《아이의 두뇌 습관을 바꿔라》《집중의 기술》《성공한 사람들의 99% 습관》《행복한 천재를 만드는 행복한 두뇌》《새콤달콤 심리학》 등이 있다.

미움받을 용기 2

사랑과 진정한 자립에 대한 아들러의 가르침

초판 1쇄 2016년 5월 2일
초판 29쇄 2022년 7월 8일
개정판 1쇄 2022년 12월 28일
개정판 4쇄 2024년 4월 9일

지은이 | 기시미 이치로 · 고가 후미타케
옮긴이 | 전경아

펴낸이 | 문태진
본부장 | 서금선
편집 1팀 | 한성수 송현경 유진영
일러스트 | 함주해 디자인 | Design co*kkiri

기획편집팀 | 임은선 임선아 허문선 최지인 이준환 송은하 이은지 장서원 원지연
마케팅팀 | 김동준 이재성 박병국 문무현 김윤희 김은지 이지현 조용환 전지혜
디자인팀 | 김현철 손성규 저작권팀 | 정선주
경영지원팀 | 노강희 윤현성 정헌준 조샘 이지연 조희연 김기현
강연팀 | 장진항 조은빛 신유리 김수연

펴낸곳 | ㈜인플루엔셜
출판등록 | 2012년 5월 18일 제300-2012-1043호
주소 | (06619) 서울특별시 서초구 서초대로 398 BnK디지털타워 11층
전화 | 02)720-1034(기획편집) 02)720-1024(마케팅) 02)720-1042(강연섭외)
팩스 | 02)720-1043 전자우편 | books@influential.co.kr
홈페이지 | www.influential.co.kr

ISBN 979-11-6834-078-7 03180